Dr K Venkata Naganjaneyulu
K Gnana Harish Babu

Gestão do cultivo através da cadeia de blocos celestiais

Dr K Venkata Naganjaneyulu
K Gnana Harish Babu

Gestão do cultivo através da cadeia de blocos celestiais

Gestão da cultura

ScienciaScripts

Imprint
Any brand names and product names mentioned in this book are subject to trademark, brand or patent protection and are trademarks or registered trademarks of their respective holders. The use of brand names, product names, common names, trade names, product descriptions etc. even without a particular marking in this work is in no way to be construed to mean that such names may be regarded as unrestricted in respect of trademark and brand protection legislation and could thus be used by anyone.

Cover image: www.ingimage.com

This book is a translation from the original published under ISBN 978-3-659-77825-4.

Publisher:
Sciencia Scripts
is a trademark of
Dodo Books Indian Ocean Ltd. and OmniScriptum S.R.L publishing group

120 High Road, East Finchley, London, N2 9ED, United Kingdom
Str. Armeneasca 28/1, office 1, Chisinau MD-2012, Republic of Moldova, Europe
Managing Directors: Ieva Konstantinova, Victoria Ursu
info@omniscriptum.com

Printed at: see last page
ISBN: 978-620-3-37587-9

Gestão do cultivo através da cadeia de blocos celestiais

RESUMO

RESUMO

Um terreno é um bem e a transferência da propriedade de um bem de uma parte para outra é um processo importante e moroso. Para além da grande quantidade de documentação, existem também numerosos intermediários e várias verificações em diversas fases do processo. Este facto reduz a fiabilidade global do procedimento e aumenta os riscos de falsificação. Além disso, é necessário muito trabalho para conhecer as transferências anteriores. Este problema é facilmente resolvido com a utilização da cadeia de blocos no sistema de registo predial. Ao eliminar os agentes do processo, reduz-se a corrupção. Também aumentará a velocidade e criará confiança no sistema sem o envolvimento de qualquer agência central. A cadeia de blocos é uma base de dados descentralizada e inalterável que regista todas as transacções válidas. Para manter a cadeia de transacções, utiliza métodos criptográficos, procedimentos de consenso e algoritmos de hashing. Isto mantém a transparência e a imutabilidade do sistema. O objetivo deste projeto é desenvolver um sistema de registo predial de fácil utilização, baseado em cadeias de blocos, que facilite o procedimento, mantendo a segurança e a confiança. Em locais como a Índia, onde milhares de transferências são feitas diariamente, a quantidade de papel necessária para manter os registos é igualmente muito grande. Esta abordagem não só aproximará as pessoas comuns da tecnologia, como também ajudará a proteger o ambiente, eliminando a papelada laboriosa.

ÍNDICE DE CONTEÚDOS

INTRODUÇÃO

1. INTRODUÇÃO

O projeto centra-se na necessidade vital de registos fundiários precisos nas agências governamentais. A terra, sendo um ativo importante, exige uma documentação precisa da propriedade e dos direitos. No entanto, os sistemas actuais enfrentam desafios para lidar com questões como a fraude e os litígios de propriedade, salientando a necessidade de uma abordagem mais eficaz. Os sistemas de registo fundiário existentes apresentam deficiências notáveis. Os desafios incluem dificuldades com transacções fraudulentas, documentação de venda pouco clara e problemas decorrentes de registos desactualizados, terras fragmentadas e conflitos de propriedade. Estas limitações sublinham a necessidade de uma solução mais fiável. O projeto visa colmatar as deficiências dos actuais sistemas de registo predial, propondo uma solução baseada na tecnologia Blockchain, utilizando especificamente o Ethereum. A tecnologia Blockchain é um mecanismo avançado de base de dados que permite a partilha transparente de informações. A base de dados Blockchain armazena dados em blocos que estão ligados entre si numa cadeia. Os dados são cronologicamente consistentes porque não é possível apagar ou modificar a cadeia sem o consenso da rede. Como resultado, é possível utilizar a tecnologia de cadeia de blocos para criar um livro-razão inalterável ou imutável para acompanhar encomendas, pagamentos, contas e outras transacções. O sistema tem mecanismos que impedem entradas de transacções não autorizadas e criam consistência na visão partilhada destas transacções. Existem vários tipos de blockchain como Ethereum, Bitcoin, Stellar e Ripple, cada um com caraterísticas, modelos de governação e casos de utilização distintos. Este projeto utiliza o Ethereum, conhecido por mais do que o registo de transacções; suporta "contratos inteligentes" que gerem autonomamente tarefas como o armazenamento e a recuperação de dados sem autoridade central. Os pontos fortes do Ethereum incluem a criação de DApp, uma comunidade de programadores empenhada, melhorias de segurança e compatibilidade com outros projectos de cadeias de blocos.

Objetivo:

- O objetivo principal é desenvolver um sistema de registo de terras baseado em cadeias de blocos, de fácil utilização, com o objetivo de simplificar o complexo processo de transferência da propriedade da terra. Isto implica minimizar a burocracia e eliminar o envolvimento de múltiplos intermediários para aumentar a eficiência global.

- O projeto visa implementar um livro-razão descentralizado e imutável utilizando a tecnologia blockchain. Através da utilização de técnicas criptográficas, mecanismos de consenso e algoritmos de hashing, o objetivo é estabelecer um sistema seguro e transparente para as transacções de terrenos, fomentando a confiança e impedindo a adulteração.

- O principal objetivo é resolver os problemas de corrupção no registo de terras, eliminando os intermediários do processo. Através de uma abordagem descentralizada, o projeto procura aumentar a fiabilidade do sistema e reduzir a probabilidade de falsificação, contribuindo para um processo de registo de terras mais fiável.

- O objetivo geral do projeto é acelerar os processos de registo predial, tirando partido da tecnologia de cadeias de blocos. Ao eliminar a necessidade de múltiplas verificações em várias fases, o objetivo é aumentar a velocidade e a eficiência de todo o processo de registo predial, tornando-o mais adequado às necessidades dos utilizadores.

- O objetivo mais amplo do projeto é contribuir para a sustentabilidade ambiental. Ao reduzir a utilização extensiva de papel na manutenção dos registos prediais, especialmente em regiões como a Índia, onde ocorrem regularmente numerosas transferências, o projeto procura aproximar as pessoas comuns da tecnologia, beneficiando simultaneamente o ambiente através da eliminação da papelada manual.

1.1 REQUISITOS DE SOFTWARE

Os requisitos de software tratam da definição dos requisitos de recursos de software e dos pré-requisitos que têm de ser instalados num computador para permitir o funcionamento ótimo de uma aplicação. Estes requisitos ou pré-requisitos não estão geralmente incluídos no pacote de instalação do software e têm de ser instalados separadamente antes de o software ser instalado.

Plataforma - Em informática, uma plataforma descreve um tipo de estrutura, em hardware ou software, que permite a execução de software. As plataformas típicas incluem a arquitetura de um computador, o sistema operativo ou as linguagens de programação e respectivas bibliotecas de tempo de execução.

O sistema operativo é um dos primeiros requisitos mencionados quando se definem os requisitos do sistema (software). O software pode não ser compatível com versões diferentes da mesma linha de sistemas operativos, embora seja frequentemente mantida alguma medida de compatibilidade com versões anteriores. Por exemplo, a maior parte do software concebido para o Microsoft Windows XP não funciona no Microsoft Windows 98, embora o inverso nem sempre seja verdade. Da mesma forma, o software concebido utilizando as novas funcionalidades do Kernel v2.6 do Linux geralmente não funciona ou não compila corretamente (ou não compila de todo) em distribuições Linux que utilizam o Kernel v2.2 ou v2.4.

APIs e controladores - O software que utiliza extensivamente dispositivos de hardware especiais, como adaptadores de ecrã topo de gama, necessita de uma API especial ou de controladores de dispositivo mais recentes. Um bom exemplo é o DirectX, que é uma coleção de APIs para lidar com tarefas relacionadas com multimédia, especialmente programação de jogos, em plataformas Microsoft.

Navegador Web - A maior parte das aplicações Web e do software que dependem fortemente das tecnologias da Internet utilizam o navegador predefinido instalado no sistema. O Microsoft Internet Explorer é uma escolha frequente de software executado no Microsoft Windows, que utiliza controlos ActiveX, apesar das suas vulnerabilidades.

Requisitos de software

- Python IDLE (3.7.0)
- Node Js
- Versão comunitária do Visual Studio
- Ganache
- MetaMask - Extensão para o Chrome

Línguas de back-end

- Python
- Java Script
- Solidez

de trabalho

- Frasco

Línguas front-end

- HTML
- CSS
- JS
- Bootstrap4

Requisitos de hardware

- Processador : i5 e superior
- RAM : 8GB e superior
- ROM : 20GB e superior

1.2 REQUISITOS DE HARDWARE

O conjunto mais comum de requisitos definidos por qualquer sistema operativo ou aplicação de software são os recursos físicos do computador, também conhecidos como hardware. Uma lista de requisitos de hardware é frequentemente acompanhada por uma lista de compatibilidade de hardware (HCL), especialmente no caso dos sistemas operativos. Uma lista de requisitos de hardware é frequentemente acompanhada por uma lista de compatibilidade de hardware (HCL), especialmente no caso dos sistemas operativos. As subsecções seguintes abordam os vários aspectos dos requisitos de hardware.

Arquitetura - Todos os sistemas operativos de computador são concebidos para uma determinada arquitetura de computador. A maioria das aplicações de software está limitada a sistemas operativos específicos que funcionam em arquitecturas específicas. Embora existam sistemas operativos e aplicações independentes da arquitetura, a maioria necessita de ser recompilada para funcionar numa nova arquitetura. Ver também uma lista de sistemas operativos comuns e respectivas arquitecturas de suporte.

Potência de processamento - A potência da unidade central de processamento (CPU) é um requisito de sistema fundamental para qualquer software. A maior parte do software executado na arquitetura x86 define a potência de processamento como o modelo e a velocidade de relógio da CPU. Muitas outras caraterísticas de uma CPU que influenciam a sua velocidade e potência, como a velocidade do barramento, a cache e o MIPS, são frequentemente ignoradas. Esta definição de potência é muitas vezes errónea, uma vez que as CPUs AMD Athlon e Intel Pentium com uma velocidade de relógio semelhante têm frequentemente velocidades de processamento diferentes. As CPUs Intel Pentium gozaram de um considerável grau de popularidade e são frequentemente mencionadas nesta categoria.

Memória - Todo o software, quando executado, reside na memória de acesso aleatório (RAM) de um computador. Os requisitos de memória são definidos tendo em conta as exigências da aplicação, do sistema operativo, do software e ficheiros de suporte e de outros processos em execução. O desempenho ótimo de outro software não relacionado em execução num sistema de computador multitarefa também é considerado ao definir este requisito.

Armazenamento secundário - Os requisitos do disco rígido variam, dependendo do tamanho da instalação do software, dos ficheiros temporários criados e mantidos durante a instalação ou execução do software e da possível utilização do espaço de troca (se a RAM for insuficiente).

Adaptador de ecrã - O software que requer um ecrã gráfico de computador melhor do que a média, como os editores gráficos e os jogos topo de gama, define frequentemente adaptadores de ecrã topo de gama nos requisitos do sistema.

Periféricos - Algumas aplicações de software necessitam de fazer uma utilização extensiva e/ou especial de alguns periféricos, exigindo o desempenho ou a funcionalidade superiores desses periféricos. Esses periféricos incluem unidades de CD-ROM, teclados, dispositivos apontadores, dispositivos de rede, etc.

1)Sistema operativo : Apenas Windows

2)Processador : i5 e superior

3)Ram : 8gb e superior

4)Disco rígido: 25 GB na unidade local

ESTUDO DE VIABILIDADE

2. ESTUDO DE VIABILIDADE

Estudo de viabilidade

Um estudo de viabilidade avalia a viabilidade de um projeto ou sistema. No âmbito de um estudo de viabilidade, é efectuada uma análise objetiva e racional de um potencial negócio ou empreendimento para determinar os seus pontos fortes e fracos, as oportunidades e ameaças potenciais, os recursos necessários para a sua realização e as perspectivas de sucesso final. Para avaliar a viabilidade, devem ser considerados dois critérios: o custo necessário e o valor esperado.

Tipos de estudos de viabilidade

Uma análise de viabilidade avalia o potencial de sucesso do projeto; por conseguinte, a objetividade percebida é um fator essencial na credibilidade do estudo para potenciais investidores e instituições de crédito. Existem cinco tipos de estudos de viabilidade - áreas separadas que um estudo de viabilidade examina, descritas abaixo.

1. Viabilidade técnica

Esta avaliação centra-se nos recursos técnicos disponíveis para a organização. Ajuda as organizações a determinar se os recursos técnicos correspondem à capacidade e se a equipa técnica é capaz de converter as ideias em sistemas funcionais. A viabilidade técnica também envolve a avaliação do hardware, software e outros requisitos técnicos do sistema proposto. Como exemplo exagerado, uma organização não gostaria de tentar colocar os transportadores do Star Trek no seu edifício - atualmente, este projeto não é tecnicamente viável.

2. Viabilidade económica

Esta avaliação envolve normalmente uma análise de custos/benefícios do projeto, ajudando as organizações a determinar a viabilidade, os custos e os benefícios associados a um projeto antes de serem atribuídos recursos financeiros. Também serve como uma avaliação independente do projeto e aumenta a sua credibilidade - ajudando os decisores a determinar os benefícios económicos positivos para a organização que o projeto proposto irá proporcionar.

3. Viabilidade jurídica

Esta avaliação investiga se algum aspeto do projeto proposto entra em conflito com os requisitos legais, como as leis de ordenamento do território, as leis de proteção de dados ou as leis relativas às redes sociais. Digamos que uma organização pretende construir um novo edifício de escritórios num local específico. Um estudo de viabilidade pode revelar que o local ideal para a organização não está classificado para esse tipo de negócio. Essa organização acaba de poupar tempo e esforço consideráveis ao saber que o seu projeto não era viável desde o início.

4. Viabilidade operacional

Esta avaliação implica a realização de um estudo para analisar e determinar se - e em que medida - as necessidades da organização podem ser satisfeitas com a realização do projeto. Os estudos de viabilidade operacional também examinam a forma como um plano de projeto satisfaz os requisitos identificados na fase de análise de requisitos do desenvolvimento do sistema.

5. Viabilidade da programação

Esta avaliação é a mais importante para o <u>sucesso do projeto</u>; afinal, um projeto falhará se não for concluído a tempo. Ao programar a viabilidade, uma organização estima quanto tempo o projeto demorará a ser concluído.

Depois de todas estas áreas terem sido examinadas, a análise de viabilidade ajuda a identificar quaisquer restrições que o projeto proposto possa enfrentar, incluindo

- Restrições internas do projeto: Técnicas, tecnológicas, orçamentais, de recursos, etc.

- Restrições internas da empresa: Financeiros, de marketing, de exportação, etc.

- Restrições externas: Logística, ambiente, leis e regulamentos, etc.

PESQUISA BIBLIOGRÁFICA

3. PESQUISA BIBLIOGRÁFICA

3.1 Garantir a segurança do registo predial utilizando a cadeia de blocos:

<u>Garantir a segurança do registo predial utilizando Blockchain - ScienceDirect</u>

RESUMO: O atual processo de registo predial envolve muitas vulnerabilidades e as pessoas utilizam-no para enganar as pessoas comuns e o governo. Este documento aborda um registo predial seguro implementado com recurso a cadeias de blocos que funciona com base no consenso da maioria. Ao implementar o registo predial na cadeia de blocos, a questão da segurança é resolvida em grande medida. O valor de hash calculado para cada bloco será único, uma vez que está ligado ao hash do bloco anterior. O algoritmo utilizado para o hashing é o SHA256. Juntamente com o SHA256, é também utilizado o algoritmo Proof Of Work (PoW), que torna a informação relacionada com cada transação mais segura. O resumo da mensagem gerado para cada bloco tem um tamanho fixo e cada hash representa um conjunto completo de transacções num determinado bloco. A rede de cadeias de blocos do registo predial proposta é constituída por 12 nós que calculam a prova de trabalho. Os nós são responsáveis pela verificação de uma transação, pela extração de um novo bloco e pela adição do novo bloco à cadeia de blocos. Um total de 200 transacções de terrenos são registadas utilizando a metodologia da cadeia de blocos, que oferece uma versão actualizada e inviolável do registo predial. O algoritmo criptográfico de curva elíptica é utilizado para a geração de assinaturas, o que permite verificar se a transação foi ou não assinada pelo proprietário. A árvore de Merkle é utilizada para ligar as transacções através de hash, o que, por sua vez, reduz a utilização do disco. A implementação proposta do registo predial com recurso a cadeias de blocos oferece, assim, uma redução de 99% do esforço manual despendido na manutenção de registos.

3.2 Digitalização do registo predial através de cadeias de blocos:

Digitalização do registo predial através de Blockchain | Publicação de Conferência IEEE | IEEE Xplore

RESUMO: Na Índia, o sistema de registo predial é um procedimento muito moroso que exige muitos intermediários, aumentando assim o número de casos fraudulentos. A utilização da tecnologia de cadeia de blocos para a gestão do registo predial pode eliminar estes problemas. A cadeia de blocos é simplesmente uma estrutura de dados em que cada bloco está ligado a outro bloco. É um livro de registo de dados distribuído com um registo público imutável de transacções digitais. As principais caraterísticas desta tecnologia são o facto de os dados do bloco serem imutáveis, o que é conseguido através da utilização de algoritmos de hashing, técnicas de criptografia e mecanismos de consenso que são efectuados antes de adicionar um bloco à cadeia de blocos. Embora existam limitações na tecnologia Blockchain, como o facto de ser complexa de implementar e não ser tão rápida como o sistema centralizado. Além disso, são necessários mineiros para validar as transacções, mas estas limitações podem ser ultrapassadas através da utilização de mecanismos de consenso adequados. Na Índia, o processo de registo de terras é um dos processos mais fastidiosos e, na maioria das vezes, as pessoas não têm conhecimento de todas as regras a seguir durante o processo de registo. Além disso, é necessário verificar mais documentos, o que atrasa a conclusão do registo. Para além disso, os intermediários cobram subornos para concluir este processo. Podem também ocorrer erros durante o processamento dos registos prediais. O objetivo deste trabalho é desenvolver um sistema de registo predial utilizando Blockchain com uma funcionalidade detalhada e de fácil utilização, com elevada fiabilidade e boa interface. Centra-se principalmente na cobertura das regras e procedimentos estabelecidos pelo Governo indiano em matéria de registo predial. Garante o reforço da segurança e da precisão dos registos.

3.3 Um quadro de registo predial seguro na cadeia de blocos:

Uma estrutura segura de registo predial em Blockchain | Publicação da Conferência IEEE | IEEE Xplore

RESUMO: A terra é um bem imóvel e não líquido de elevado valor. A integridade e o acompanhamento adequado dos registos de propriedade/transferência de terrenos é uma tarefa extremamente difícil. Dado que a propriedade dos terrenos pode mudar constantemente ao longo do tempo e, por vezes, com muita frequência, é difícil manter registos de transferência de propriedade elaborados e longos. O problema agrava-se ainda mais devido à presença de registos fraudulentos ou incompletos, que são muito difíceis de localizar ao longo do tempo. Assim, os litígios de propriedade no sistema conduzem a litígios que se arrastam durante anos, o que leva ao desperdício de tempo, energia e recursos valiosos para a resolução desses litígios. A maior parte dos problemas tem origem no facto de os actuais sistemas de registo predial terem um legado de documentos em papel ou serem sistemas centralizados pouco transparentes e mal conservados. Os utilizadores fraudulentos podem tentar falsificar documentos em papel ou modificar registos electrónicos para alterar o registo de propriedade da terra. Este documento propõe um mecanismo seguro de manutenção de registos que aborda estas questões utilizando um sistema baseado na cadeia de blocos que pode criar registos para os activos físicos num ativo simbólico líquido imutável baseado na cadeia de blocos. Este novo ativo simbólico de cadeia de blocos pode agora ser utilizado para manter um registo de propriedade digitalmente seguro e seletivamente visível, resolvendo as questões mencionadas. Foi feita uma implementação deste sistema utilizando o Ethereum e os dados de referência mostram que o tempo de processamento das transacções deste sistema é razoavelmente baixo, tornando-o assim adequado para uma implementação prática.

3.4 Gestão do registo predial com Blockachain:

RESUMO: O registo fundiário é um caso de utilização que envolve muitos intermediários e autoridades centrais no processo, o que, por sua vez, gera confiança no sistema. Manter vestígios de quem é proprietário de que parte do terreno é um desafio quando há centenas ou milhares de registos de terrenos para manter. A utilização da Blockchain eliminará os intermediários do sistema, reduzirá a corrupção e aumentará a velocidade do processo. O Registo Predial é uma aplicação descentralizada simples, construída com base nos princípios da cadeia de blocos Ethereum. Podemos usar este procedimento de registo como um substituto para contornar as falhas existentes no sistema. Aqui, o utilizador que possui o terreno regista os detalhes do seu terreno e também introduz o valor de mercado do terreno, fornecendo todas as provas necessárias. Uma autoridade governamental que tradicionalmente se ocupa do registo predial é designada como superadministrador e pode efetuar o processo de registo. Os terrenos pertencentes a uma determinada aldeia só podem ser registados no sistema através do superadministrador atribuído a essa aldeia. O contrato inteligente aqui utilizado é redigido de forma a que o proprietário tenha de transferir completamente a sua propriedade para o comprador e nenhuma transação do terreno possa ser parcial. Mesmo que uma autoridade governamental esteja envolvida no processo de registo, todo o processo é transparente e a transação ocorre apenas entre os dois clientes.

3.5 Registo predial baseado na cadeia de blocos com prova delegada de consenso (DPoS) no Bangladesh:

Registo Predial baseado em Blockchain com Consenso de Prova de Participação Delegada (DPoS) no Bangladesh | Publicação da Conferência IEEE | IEEE Xplore

RESUMO: Os documentos de registo predial são documentos juridicamente vinculativos fornecidos pelo governo aos proprietários de terras como prova da sua propriedade. Nos países em desenvolvimento, como o Bangladesh, é essencial combater os desafios que um sistema tradicional de registo predial enfrenta. Para manter um registo digital de informações sobre os bens fundiários de forma transparente e segura, a tecnologia Blockchain pode ser utilizada para ultrapassar este obstáculo. No entanto, qualquer sistema baseado em cadeias de blocos tem de ser integrado de uma forma bem pensada. Propomos uma nova abordagem para melhorar o consenso da Prova de Participação Delegada, a fim de proporcionar um sistema baseado num livro-razão privado para a transação de bens fundiários, que pode ser facilmente integrado no sistema tradicional de registo predial existente para um bom funcionamento.

ANÁLISE DO SISTEMA

4. ANÁLISE DO SISTEMA

4.1 SISTEMA EXISTENTE:

Na literatura, destacam questões como transparência mínima, responsabilidade, conjuntos de dados incoerentes com diferentes departamentos governamentais relacionados com a mesma porção de terra e atrasos no atual processo de gestão do registo predial. Descrevem o atual processo de manutenção dos registos prediais e de registo predial no país. Salienta a importância do contrato inteligente para o registo predial, aplicando a cadeia de blocos.

4.1.1 DESVANTAGENS DO SISTEMA ACTUAL:

1. Os trabalhos existentes reconhecem que a transparência e a confiança no sistema são mínimas.
2. Os trabalhos existentes apontam para atrasos no atual processo de gestão do registo predial.
3. Os trabalhos actuais não abordam explicitamente as questões de segurança.

4.2 Sistema proposto:

Propomos um sistema seguro de registo predial que utiliza a cadeia de blocos Ethereum. Este sistema reduzirá a corrupção no processo, eliminando os intermediários do processo. Além disso, aumentará a velocidade e criará confiança no sistema, mesmo sem o envolvimento de qualquer agência central. Este sistema utilizará contratos inteligentes, algoritmos criptográficos e mecanismos de consenso para desenvolver um sistema de registo predial de fácil utilização. Os contratos inteligentes são contratos auto-executáveis em que o conteúdo do acordo entre vendedores e compradores é diretamente inserido em linhas de código. O código e os acordos nele contidos existem numa rede blockchain aberta e dispersa.

Sem a necessidade de um sistema de autenticação centralizado, um quadro jurídico formal ou um mecanismo de conformidade externo, os contratos inteligentes permitem a execução de transacções e acordos fiáveis entre partes dispersas e anónimas. Tornam as transacções claras, irreversíveis e rastreáveis. O objetivo deste trabalho é desenvolver um sistema de registo predial de fácil utilização, baseado em blockchain, para facilitar o processo, mantendo a segurança e a confiança.

4.2.1 Vantagens do sistema proposto:

- O nosso trabalho dá ênfase à segurança através de algoritmos criptográficos, mecanismos de consenso e a natureza inviolável da tecnologia blockchain.
- O nosso trabalho promete aumentar a velocidade das transacções e simplificar o processo de registo através da automatização e de contratos inteligentes.
- O nosso trabalho aborda esta questão criando um sistema descentralizado e sem confiança através da tecnologia blockchain, garantindo transparência e confiança sem depender de agências centrais.

4.3 REQUISITOS FUNCIONAIS

1) Autoridade Central
2) LOGIN do utilizador como Vendedor
3) LOGIN do utilizador como comprador

4.4 REQUISITOS NÃO FUNCIONAIS

Os REQUISITOS NÃO FUNCIONAIS (NFR) especificam o atributo de qualidade de um sistema de software. Avaliam o sistema de software com base na capacidade de resposta, usabilidade, segurança, portabilidade e outras normas não funcionais que são fundamentais para o êxito do sistema de software. Exemplo de requisito não funcional: *"qual a rapidez de carregamento do sítio Web?"* O não cumprimento dos requisitos não funcionais pode resultar em sistemas que não satisfazem as necessidades dos utilizadores. Os requisitos não funcionais permitem-lhe impor limitações ou restrições à conceção do sistema nos vários backlogs ágeis. Por exemplo, o sítio deve carregar em 3 segundos quando o número de utilizadores simultâneos for superior a 10000. A descrição dos requisitos não funcionais é tão importante como a dos funcionais.

- Requisitos de usabilidade
- Requisitos de manutenção
- Requisitos de gestão
- Requisito de recuperabilidade
- Requisito de segurança
- Requisito de integridade dos dados
- Necessidade de capacidade
- Requisito de disponibilidade
- Requisito de escalabilidade
- Requisito de interoperabilidade
- Requisitos de fiabilidade
- Requisitos de manutenção
- Exigências regulamentares
- Requisitos ambientais

CONCEPÇÃO DO SISTEMA

5. CONCEPÇÃO DO SISTEMA

5.1 ARQUITECTURA DO SISTEMA:

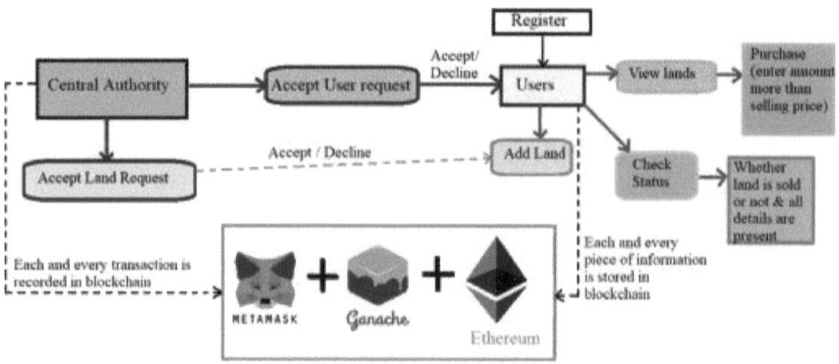

Fig.5.1.1 Arquitetura do sistema

DIAGRAMA DE FLUXO DE DADOS:

1. O DFD também é chamado de gráfico de bolhas. É um formalismo gráfico simples que pode ser utilizado para representar um sistema em termos de dados de entrada no sistema, vários processamentos efectuados sobre esses dados e os dados de saída gerados por esse sistema.

2. O diagrama de fluxo de dados (DFD) é uma das ferramentas de modelação mais importantes. É utilizado para modelar os componentes do sistema. Estes componentes são o processo do sistema, os dados utilizados pelo processo, uma entidade externa que interage com o sistema e os fluxos de informação no sistema.

3. O DFD mostra como a informação se move através do sistema e como é modificada por uma série de transformações. Trata-se de uma técnica gráfica que descreve o fluxo de informação e as transformações que são aplicadas à medida que os dados passam da entrada para a saída.

4. O DFD é também conhecido como gráfico de bolhas. Um DFD pode ser utilizado para representar um sistema em qualquer nível de abstração. O DFD pode ser dividido em níveis que representam o aumento do fluxo de informação e do pormenor funcional.

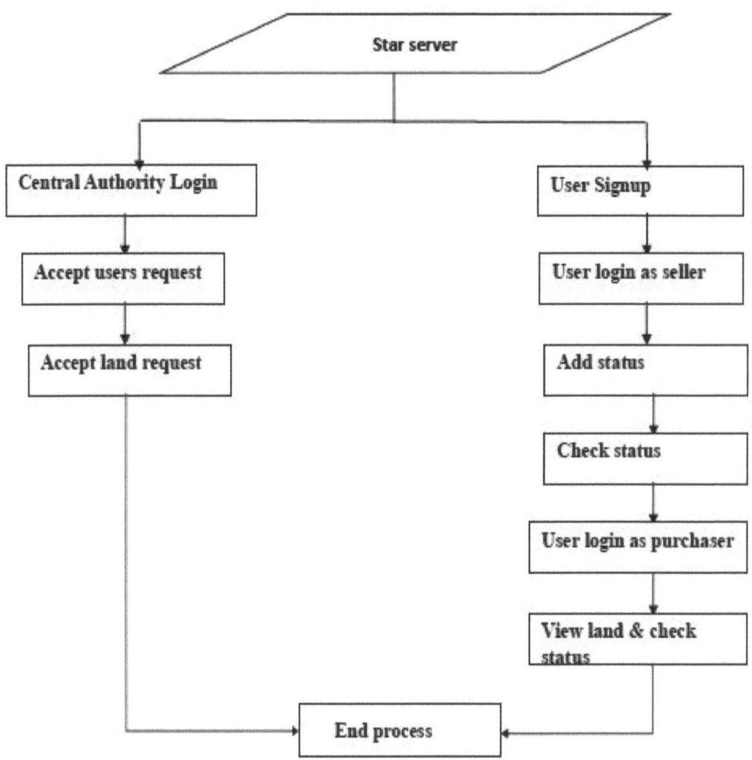

Fig.5.1.3 Diagramas de fluxo de dados

5.2 DIAGRAMAS UML

UML significa Unified Modeling Language (Linguagem de Modelação Unificada). A UML é uma linguagem de modelação normalizada de uso geral no domínio da engenharia de software orientada para objectos. A norma é gerida e foi criada pelo Object Management Group.

O objetivo é que o UML se torne uma linguagem comum para a criação de modelos de software orientado para objectos. Na sua forma atual, a UML é composta por dois componentes principais: um meta-modelo e uma notação. No futuro, alguma forma de método ou processo também pode ser adicionada ou associada à UML.

A Unified Modeling Language (Linguagem de Modelação Unificada) é uma linguagem padrão para especificar, visualizar, construir e documentar os artefactos de um sistema de software, bem como para a modelação do negócio e de outros sistemas que não sejam de software.

A UML representa uma coleção de melhores práticas de engenharia que provaram ser bem sucedidas na modelação de sistemas grandes e complexos.

A UML é uma parte muito importante do desenvolvimento de software orientado para objectos e do processo de desenvolvimento de software. O UML utiliza sobretudo notações gráficas para expressar a conceção de projectos de software.

OBJECTIVOS:

Os principais objectivos da conceção do UML são os seguintes

1. Fornecer aos utilizadores uma linguagem de modelação visual expressiva e pronta a utilizar, para que possam desenvolver e trocar modelos significativos.

2. Fornecer mecanismos de extensibilidade e especialização para alargar os conceitos fundamentais.

3. Ser independente de linguagens de programação e processos de desenvolvimento específicos.

4. Fornecer uma base formal para a compreensão da linguagem de modelação.

5. Incentivar o crescimento do mercado de ferramentas OO.

6. Apoiar conceitos de desenvolvimento de nível superior, tais como colaborações, estruturas, padrões e componentes.

7. Integrar as melhores práticas.

Diagrama de casos de utilização:

Um diagrama de casos de utilização na Linguagem de Modelação Unificada (UML) é um tipo de diagrama comportamental definido e criado a partir de uma análise de casos de utilização. O seu objetivo é apresentar uma visão geral gráfica da funcionalidade fornecida por um sistema em termos de actores, os seus objectivos (representados como casos de utilização) e quaisquer dependências entre esses casos de utilização. O principal objetivo de um diagrama de casos de utilização é mostrar que funções do sistema são executadas para que interveniente. Os papéis dos actores no sistema podem ser representados.

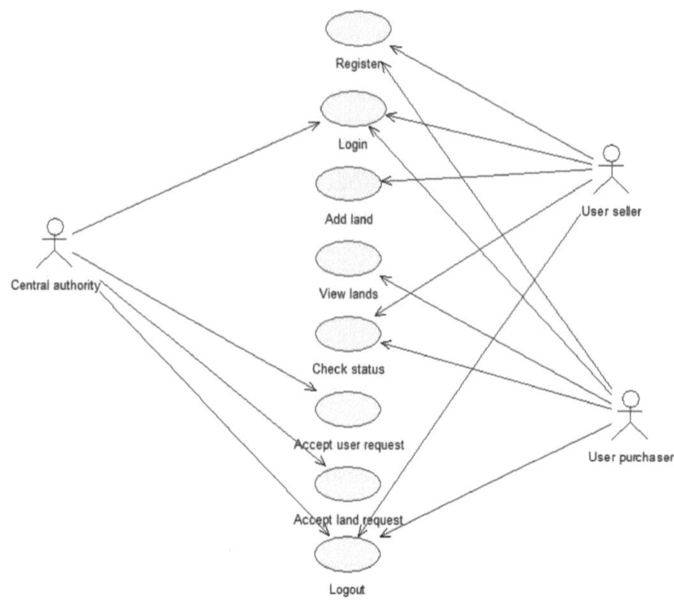

Fig.5.2.1 Diagrama de caso de uso

Diagrama de classes

O diagrama de classes é utilizado para aperfeiçoar o diagrama de casos de utilização e definir uma conceção pormenorizada do sistema. O diagrama de classes classifica os actores definidos no diagrama de casos de utilização num conjunto de classes inter-relacionadas. A relação ou associação entre as classes pode ser uma relação "is-a" ou "has-a". Cada classe no diagrama de classes pode ser capaz de fornecer determinadas funcionalidades. Estas funcionalidades fornecidas pela classe são designadas por "métodos" da classe. Para além disso, cada classe pode ter determinados "atributos" que a identificam de forma única.

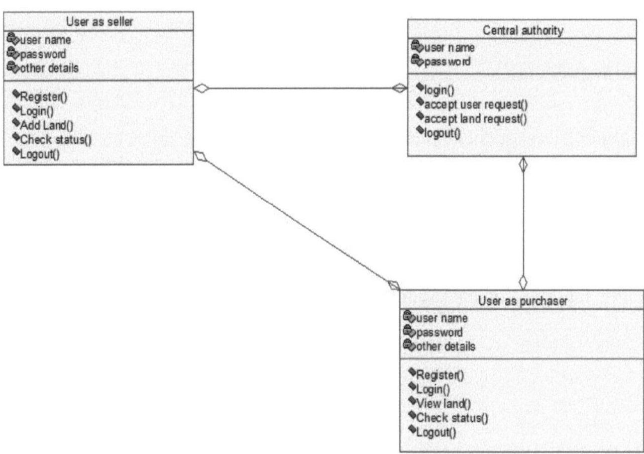

Fig.5.2.2 Diagrama de classes

Diagrama de actividades

Os fluxos de processos no sistema são capturados no diagrama de actividades. Semelhante a um diagrama de estados, um diagrama de actividades também é composto por actividades, acções, transições, estados inicial e final e condições de proteção.

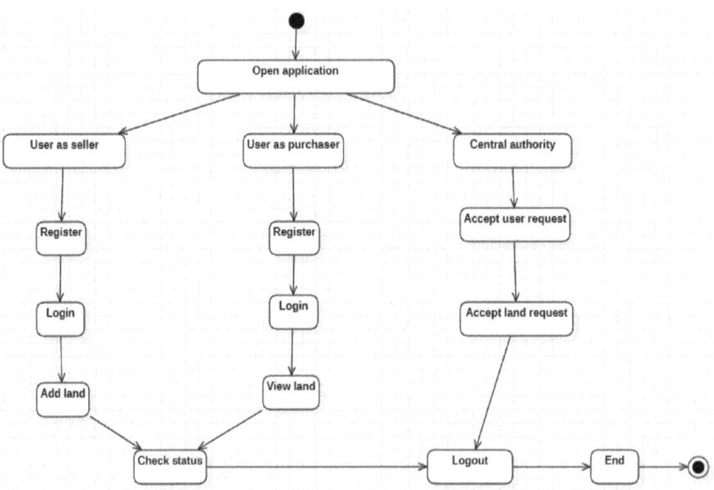

Fig.5.2.3 Diagrama de actividades

Diagrama de sequência

Um diagrama de sequência representa a interação entre diferentes objectos no sistema. O aspeto importante de um diagrama de sequência é o facto de estar ordenado no tempo. Isto significa que a sequência exacta das interações entre os objectos é representada passo a passo. Os diferentes objectos no diagrama de sequência interagem entre si através da passagem de "mensagens".

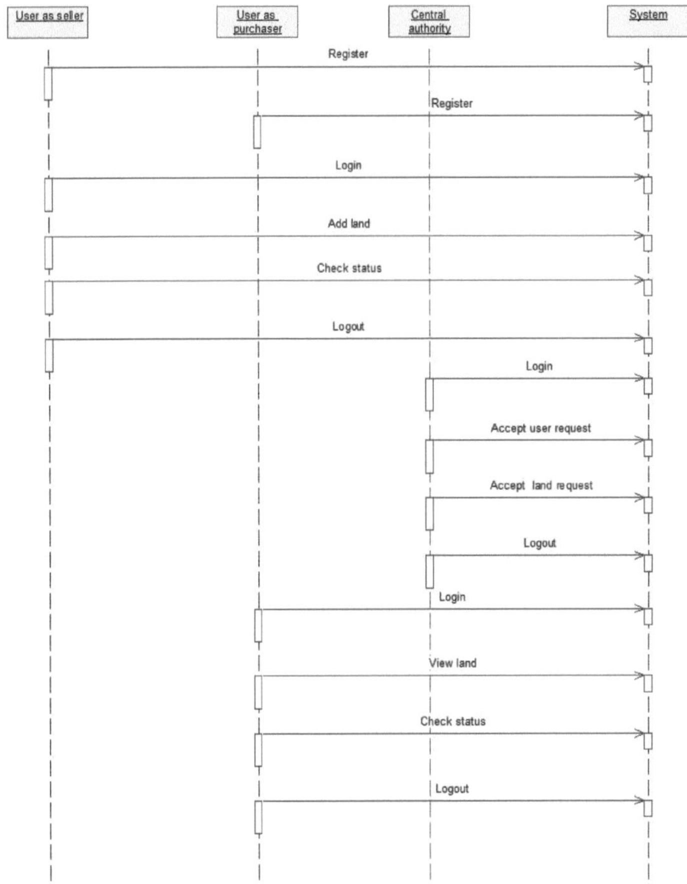

Fig.5.2.4 Diagrama de sequência

Diagrama de colaboração

Um diagrama de colaboração agrupa as interações entre diferentes objectos. As interações são listadas como interações numeradas que ajudam a traçar a sequência das interações. O diagrama de colaboração ajuda a identificar todas as interações possíveis que cada objeto tem com outros objectos.

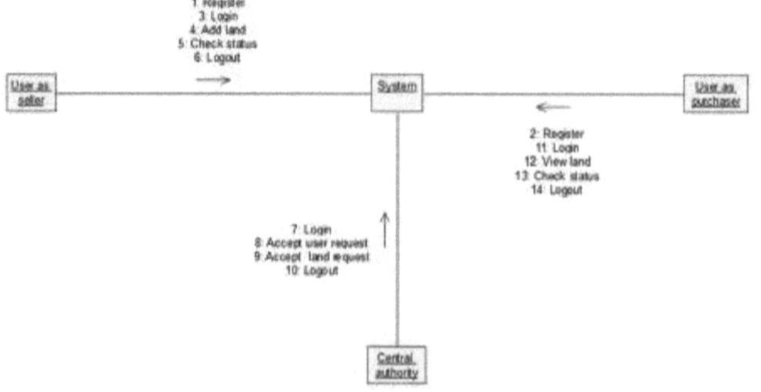

Fig.5.2.5 Diagrama de colaboração

Diagrama de componentes:

O diagrama de componentes representa as partes de alto nível que compõem o sistema. Este diagrama descreve, a um nível elevado, quais os componentes que fazem parte do sistema e como estão inter-relacionados. Um diagrama de componentes representa os componentes selecionados depois de o sistema ter passado pela fase de desenvolvimento ou construção.

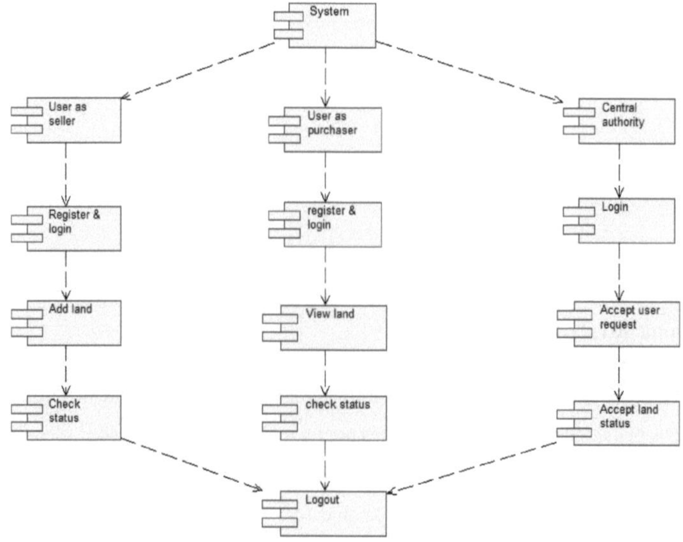

Fig.5.2.6 Diagrama de componentes

Diagrama de implantação

O diagrama de implantação captura a configuração dos elementos de tempo de execução da aplicação. Este diagrama é de longe o mais útil quando um sistema é construído e está pronto para ser implantado.

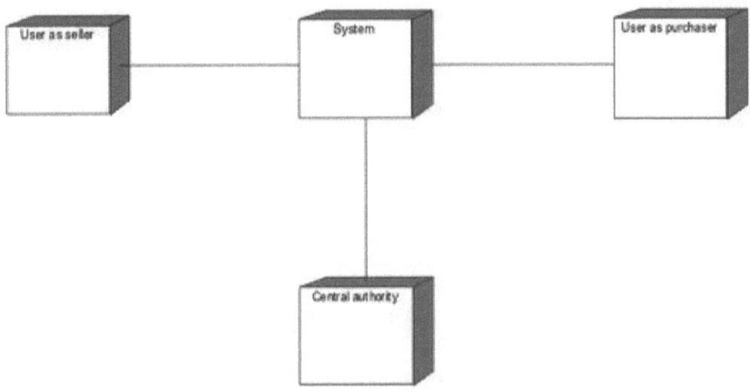

Fig.5.2.7 Diagrama de implantação

IMPLEMENTAÇÃO

6. IMPLEMENTAÇÃO

MÓDULOS:

1. Registo do utilizador:

Objetivo: As pessoas que pretendem efetuar transacções de terrenos registam os seus dados para obterem acesso ao sistema.

Acções:

Os utilizadores preenchem as informações necessárias, como o nome, os dados de contacto e o endereço.

O sistema gera credenciais de início de sessão únicas (nome de utilizador e palavra-passe) para cada utilizador.

Os dados do utilizador são armazenados de forma segura na base de dados do sistema para referência futura.

2. Início de sessão da Autoridade Central:

Objetivo: Autoridade centralizada que gere os registos dos utilizadores e as transacções de terrenos para fins de supervisão e controlo.

Acções:

A autoridade central inicia sessão utilizando credenciais seguras.

Analisa e processa os pedidos de registo de utilizadores, aprovando-os ou rejeitando-os.

Gere os pedidos de registo predial, assegurando o cumprimento dos regulamentos e das normas.

3. Início de sessão do utilizador como Vendedor:

Objetivo: Os vendedores utilizam este módulo para interagir com o sistema, acrescentando os dados dos seus terrenos para venda e acompanhando o estado dos seus pedidos.

Acções:

Os vendedores iniciam sessão com as suas credenciais únicas.

Introduzir pormenores sobre o terreno que pretende vender, incluindo prova de propriedade e outros documentos relevantes.

Verificar o estado dos seus pedidos de registo de terras, incluindo as aprovações ou quaisquer acções necessárias.

4. Início de sessão do utilizador como comprador:

Objetivo: Os compradores iniciam sessão para explorar os terrenos disponíveis para compra e acompanhar a evolução das suas transacções.

Acções:

Os compradores fornecem credenciais de início de sessão para aceder ao sistema.

Navegue e veja uma lista de terrenos disponíveis para compra.

Verificar o estado dos seus pedidos de compra de terrenos, garantindo a transparência do processo de transação.

INTEGRAÇÃO DA CADEIA DE BLOCOS

1. A tecnologia blockchain da Ethereum constitui a base, tirando partido de contratos inteligentes, algoritmos criptográficos e mecanismos de consenso para criar um sistema de registo predial robusto e de fácil utilização.

2. A Solidity, uma linguagem de programação adaptada para a criação de contratos inteligentes na plataforma Ethereum, é utilizada para implementar as funcionalidades essenciais necessárias ao registo predial no projeto.

3. As transacções registadas na cadeia de blocos Ethereum são protegidas através de técnicas criptográficas, tornando-as claras, irreversíveis e rastreáveis. Isto reforça a integridade global do processo de registo predial.

4. Ao eliminar a necessidade de intermediários e ao utilizar a transparência inerente à cadeia de blocos, o sistema aumenta a confiança e reduz a corrupção no processo de registo predial. A cadeia de blocos garante que todas as transacções são registadas e visíveis para os participantes de uma forma inviolável.

6.2 CÓDIGO DE EXEMPLO:

```python
from brownie import accounts, config, MockV3Aggregator, Contract

import brownie.network as network

import requests, json


FORKED_LOCAL_ENVIRONMENTS = ["mainnet-fork", "mainnet-fork-dev"]

LOCAL_BLOCKCHAIN_ENVIRONMENTS = ["development", "ganache-local"]

OPENSEA_URL = "https://testnets.opensea.io/assets/{}/{}"


def get_account(index= None, id= None):
    """
```

Esta função devolve uma conta com base na rede em que nos encontramos.

Se a rede for uma rede de desenvolvimento, devolve uma conta em

a nossa máquina local, que não é persistente.

Se a rede for testnet, devolve uma conta pré-criada com

definições personalizadas.

```python
    """
```

```python
    if index:

        return accounts[index]

    if id:

        return accounts.load(id)

    if network.show_active() in LOCAL_BLOCKCHAIN_ENVIRONMENTS or network.show_active() in FORKED_LOCAL_ENVIRONMENTS:

        return accounts[0]

    return accounts.add(config["wallets"]["from_key"])


contract_to_mock = {

    "eth_usd_price_feed": MockV3Aggregator

}
```

```python
def get_contract(contract_name):

    """This function will grab the contract addresses from the brownie config

    if defined, otherwise, it will deploy a mock version of that contract,

    and return that mock contract.

        Args:

            contract_name(string)


        Returns:

            brownie.network.contract.ProjectContract: The most recently deployed

            version of this contract.

    """

    contract_type = contract_to_mock[contract_name]

    if network.show_active() in LOCAL_BLOCKCHAIN_ENVIRONMENTS:

        if len(contract_type) <= 0:

            #if we dont have a previosly used mock then this will deploy a new one

            deploy_mocks()

        #this reuses the previously used mock

        contract = contract_type[-1]

    else:

        contract_address = config["networks"][network.show_active()][contract_name]
```

```python
    return contract


DECIMALS=8

INITIAL_VALUE = 200000000000


def deploy_mocks(decimals= DECIMALS, initial_value=INITIAL_VALUE):

    account = get_account()

    MockV3Aggregator.deploy(

        decimals,

        initial_value,

        {"from":account}

        )

    print("Deployed!!")


def uploadImg_IPFS(name, desc, location):

    """

    Recebe a imagem, o nome e a descrição como entrada e carrega-a para o IPFS

    e, em seguida, passa o hash devolvido à função uploadMetadata que cria os
metadados

    e devolve o hash dos metadados.

    """
```

```python
data = open(location,"rb").read()

endpoint = 'https://api.nft.storage/upload'

headers = {

"Authorization": "Bearer **authorization bearer key here**" #make a new authorization key by logging in to nft.storage

}

resp = requests.post(endpoint, headers=headers, data=data) #stores the value in the filecoin distributed storage service and returns a hash

formt = resp.json()

cid_val = "https://ipfs.io/ipfs/" + str(formt["value"]["cid"])

met = {}

met["name"] = name

met["description"] = desc

met["image"] = cid_val

metadata_location = ''.join(location.split('.')[0:-1])+'-metadata.json'

with open(metadata_location,"w") as outfile:

    json.dump(met, outfile)


return upload_metadata(open(metadata_location,"r").read())
```

```python
headers = {

    "Authorization": "Bearer **authorization bearer key here**" #make a new authorization
key by logging in to nft.storage

    }

    resp = requests.post(endpoint, headers=headers, data=data)

    formt = resp.json()

    cid_val = "https://ipfs.io/ipfs/" + str(formt["value"]["cid"])

    return cid_val
from scripts.utils import get_account, get_contract, OPENSEA_URL, uploadImg_IPFS

from brownie import accounts, config, send_ETH, send_NFT

import brownie.network as network


"""
```

Para implementar um contrato, é necessária uma conta a partir da qual o contrato será
implementado.

Isto pode ser feito utilizando o brownie. Depois de criar uma conta, execute o seguinte
script em shell-

```
brownie executar scripts/deploy.py --network rinkeby
```

Estamos a utilizar a rede de teste rinkeby fornecida pela Infura.io.

NÃO EXECUTE NENHUM SCIPTS BROWNIE EM PYTHON, POIS ELE NÃO RECONHECERÁ A SINTAXE.

```python
"""

def deploy():

    account = get_account(id="your_account_name")

    send_nft = send_NFT.deploy(

        {"from": account}

    )

    send_eth = send_ETH.deploy(

        get_contract("eth_usd_price_feed").address,

        {"from": account},

        publish_source=config["networks"][network.show_active()].get("verify", False)

    )

    print("Deployed Successfully!!")


def main():

    deploy()

from scripts.utils import get_account, OPENSEA_URL, uploadImg_IPFS

from brownie import send_NFT, accounts


"""
```

Execute-o apenas depois de o contrato ter sido implementado!

Para o executar, digite o seguinte em shell-

```
brownie run scripts/make_nft.py --network rinkeby
"""

def mintNFT(path_name, nft_title, nft_desc, nft_auth):

    title = nft_title  #takes location of file with extension

    desc = nft_desc #a short description on the file

    account = accounts.add(nft_auth)

    location = path_name


    print()

    print("File is getting uploaded!")

    token_uri = uploadImg_IPFS(title, desc, location)

    # this function uploads the file to IPFS and produces a hash which is then passed internally

    # to upload_metadata which uploads the metadata to IPFS and finally returns the IPFS hash of

    # the metadata


    print(token_uri)

    print("File uploaded successfully!")
```

```python
    send_nft = send_NFT[-1]

    print("File now minting!")

    #tokenURI obtained from uploadImg_IPFS is passed to the contract

    tx = send_nft.makeToken(token_uri, {"from": account})

    tx.wait(1)

    print(f"You can view your NFT at {OPENSEA_URL.format(send_nft.address, send_nft._tokenIds() - 1)}") #address to view the nft after it executes

    return f"{OPENSEA_URL.format(send_nft.address, send_nft._tokenIds() - 1)}", send_nft._tokenIds() - 1


def main():

    mintNFT()
```

AMBIENTE DE SOFTWARE

7. AMBIENTE DE SOFTWARE

BLOCKCHAIN:

O que é a tecnologia blockchain?

A tecnologia Blockchain é um mecanismo avançado de base de dados que permite a partilha transparente de informações numa rede empresarial. Uma base de dados de cadeia de blocos armazena dados em blocos que estão ligados entre si numa cadeia. Os dados são cronologicamente consistentes porque não é possível apagar ou modificar a cadeia sem o consenso da rede. Como resultado, é possível utilizar a tecnologia de cadeia de blocos para criar um livro-razão inalterável ou imutável para acompanhar encomendas, pagamentos, contas e outras transacções. O sistema tem mecanismos incorporados que impedem entradas de transacções não autorizadas e criam consistência na visão partilhada destas transacções.

Porque é que a cadeia de blocos é importante?

As tecnologias tradicionais de bases de dados apresentam vários desafios para o registo de transacções financeiras. Por exemplo, considere-se a venda de um imóvel. Uma vez trocado o dinheiro, a propriedade do imóvel é transferida para o comprador. Individualmente, tanto o comprador como o vendedor podem registar as transacções monetárias, mas nenhuma das fontes é fiável. O vendedor pode facilmente alegar que não recebeu o dinheiro, mesmo que o tenha recebido, e o comprador pode igualmente argumentar que pagou o dinheiro, mesmo que não o tenha feito.

Para evitar potenciais problemas jurídicos, um terceiro de confiança tem de supervisionar e validar as transacções. A presença desta autoridade central não só complica a transação, como também cria um ponto único de vulnerabilidade. Se a base de dados central for comprometida, ambas as partes podem ser afectadas.

A cadeia de blocos atenua estes problemas criando um sistema descentralizado e à prova de adulteração para registar as transacções. No cenário da transação de propriedades, a cadeia de blocos cria um livro-razão para o comprador e para o vendedor. Todas as transacções têm de ser aprovadas por ambas as partes e são automaticamente actualizadas em ambos os livros-razão em tempo real. Qualquer corrupção nas transacções históricas corromperá todo o livro-razão. Estas propriedades da tecnologia de cadeia de blocos levaram à sua utilização em vários sectores, incluindo a criação de moeda digital como a Bitcoin.

Como é que os diferentes sectores utilizam a cadeia de blocos?

A cadeia de blocos é uma tecnologia emergente que está a ser adoptada de forma inovadora por várias indústrias. Nas subsecções seguintes, descrevemos alguns casos de utilização em diferentes indústrias:

Energia

As empresas do sector da energia utilizam a tecnologia de cadeias de blocos para criar plataformas de comércio de energia peer-to-peer e simplificar o acesso às energias renováveis. Por exemplo, considere estas utilizações:

- As empresas de energia baseadas na cadeia de blocos criaram uma plataforma de comércio para a venda de eletricidade entre indivíduos. Os proprietários de casas com painéis solares utilizam esta plataforma para vender o seu excesso de energia solar aos vizinhos. O processo é largamente automatizado: os contadores inteligentes criam transacções e a cadeia de blocos regista-as.

- Com iniciativas de financiamento coletivo baseadas na cadeia de blocos, os utilizadores podem patrocinar e possuir painéis solares em comunidades que não têm acesso à energia. Os patrocinadores podem também receber uma renda para essas comunidades quando os painéis solares estiverem construídos.

Finanças

Os sistemas financeiros tradicionais, como os bancos e as bolsas de valores, utilizam serviços de cadeias de blocos para gerir pagamentos em linha, contas e negociações no mercado. Por exemplo, a Singapore Exchange Limited, uma holding de investimentos que presta serviços de negociação financeira em toda a Ásia, utiliza a tecnologia de cadeia de blocos para criar uma conta de pagamento interbancário mais eficiente. Ao adoptarem a cadeia de blocos, resolveram vários desafios, incluindo o processamento em lote e a reconciliação manual de vários milhares de transacções financeiras.

Media e entretenimento

As empresas do sector dos media e do entretenimento utilizam sistemas de cadeia de blocos para gerir dados de direitos de autor. A verificação dos direitos de autor é fundamental para a compensação justa dos artistas. São necessárias várias transacções para registar a venda ou a transferência de conteúdos protegidos por direitos de autor. A Sony Music Entertainment Japan utiliza serviços de cadeias de blocos para tornar a gestão dos direitos digitais mais eficiente. A empresa utilizou com êxito a estratégia de cadeias de blocos para melhorar a produtividade e reduzir os custos do processamento de direitos de autor.

Retalho

As empresas retalhistas utilizam a cadeia de blocos para acompanhar a circulação de mercadorias entre fornecedores e compradores. Por exemplo, a Amazon retail registou uma patente para um sistema de tecnologia de livro-razão distribuído que utilizará a tecnologia de cadeia de blocos para verificar a autenticidade de todos os bens vendidos na plataforma. Os vendedores da Amazon podem mapear as suas cadeias de abastecimento globais, permitindo que participantes como fabricantes, correios, distribuidores, utilizadores finais e utilizadores secundários adicionem eventos ao livro-razão depois de se registarem numa autoridade de certificação.

Quais são as caraterísticas da tecnologia de cadeia de blocos?

A tecnologia Blockchain tem as seguintes caraterísticas principais:

Descentralização

A descentralização na cadeia de blocos refere-se à transferência do controlo e da tomada de decisões de uma entidade centralizada (indivíduo, organização ou grupo) para uma rede distribuída. As redes de blockchain descentralizadas usam a transparência para reduzir a necessidade de confiança entre os participantes. Estas redes também impedem os participantes de exercerem autoridade ou controlo uns sobre os outros de forma a degradar a funcionalidade da rede.

Imutabilidade

Imutabilidade significa que algo não pode ser alterado ou modificado. Nenhum participante pode adulterar uma transação depois de alguém a ter registado no livro-razão partilhado. Se um registo de transação incluir um erro, é necessário adicionar uma nova transação para reverter o erro, e ambas as transacções são visíveis para a rede.

Consenso

Um sistema de cadeia de blocos estabelece regras sobre o consentimento dos participantes para registar transacções. Só é possível registar novas transacções quando a maioria dos participantes na rede dá o seu consentimento.

Quais são os principais componentes da tecnologia de cadeia de blocos?

A arquitetura da cadeia de blocos tem os seguintes componentes principais:

Um livro-razão distribuído

Um livro-razão distribuído é a base de dados partilhada na rede blockchain que armazena as transacções, como um ficheiro partilhado que todos os membros da equipa podem editar. Na maioria dos editores de texto partilhados, qualquer pessoa com direitos de edição pode apagar o ficheiro inteiro. No entanto, as tecnologias de registo distribuído têm regras estritas sobre quem pode editar e como editar. Não é possível eliminar entradas depois de terem sido registadas.

Contratos inteligentes

As empresas utilizam contratos inteligentes para auto-gerir contratos comerciais sem a necessidade de um terceiro assistente. São programas armazenados no sistema blockchain que são executados automaticamente quando condições pré-determinadas são atendidas. Executam verificações "se-então" para que as transacções possam ser concluídas com confiança. Por exemplo, uma empresa de logística pode ter um contrato inteligente que efectua automaticamente o pagamento assim que as mercadorias chegam ao porto.

Criptografia de chave pública

A criptografia de chave pública é um recurso de segurança para identificar exclusivamente os participantes na rede blockchain. Este mecanismo gera dois conjuntos de chaves para os membros da rede. Um deles é uma chave pública que é comum a todos na rede. A outra é uma chave privada que é exclusiva de cada membro. As chaves privada e pública trabalham em conjunto para desbloquear os dados no registo.

Por exemplo, o João e a Jill são dois membros da rede. O João regista uma transação que é encriptada com a sua chave privada. A Jill pode desencriptá-la com a sua chave pública. Desta forma, a Jill tem a certeza de que o João efectuou a transação. A chave pública de Jill não teria funcionado se a chave privada de João tivesse sido adulterada.

Como é que a cadeia de blocos funciona?

Embora os mecanismos subjacentes à cadeia de blocos sejam complexos, apresentamos uma breve panorâmica nas etapas seguintes. O software de cadeia de blocos pode automatizar a maioria destas etapas:

Passo 1 - Registar a transação

Uma transação de cadeia de blocos mostra o movimento de activos físicos ou digitais de uma parte para outra na rede de cadeia de blocos. É registada como um bloco de dados e pode incluir detalhes como estes:

- Quem esteve envolvido na transação?

- O que aconteceu durante a transação?

- Quando ocorreu a transação?

- Onde ocorreu a transação?

- Porque é que a transação ocorreu?

- Quanto do ativo foi trocado?

- Quantas condições prévias foram cumpridas durante a transação?

Etapa 2 - Obter consenso

A maioria dos participantes na rede blockchain distribuída tem de concordar que a transação registada é válida. Dependendo do tipo de rede, as regras de acordo podem variar, mas são normalmente estabelecidas no início da rede.

Etapa 3 - Ligar os blocos

Quando os participantes chegam a um consenso, as transacções na cadeia de blocos são escritas em blocos equivalentes às páginas de um livro de contabilidade. Juntamente com as transacções, um hash criptográfico é também anexado ao novo bloco. O hash actua como uma cadeia que liga os blocos entre si. Se o conteúdo do bloco for modificado intencionalmente ou não, o valor do hash é alterado, proporcionando uma forma de detetar a adulteração de dados.

Assim, os blocos e as cadeias ligam-se de forma segura e não é possível editá-los. Cada bloco adicional reforça a verificação do bloco anterior e, portanto, de toda a cadeia de blocos. É como empilhar blocos de madeira para fazer uma torre. Só é possível empilhar blocos no topo, e se remover um bloco do meio da torre, toda a torre se parte.

Passo 4 - Partilhar o livro de registos

O sistema distribui a última cópia do registo central a todos os participantes.

Quais são os tipos de redes blockchain?

Existem quatro tipos principais de redes descentralizadas ou distribuídas na blockchain:

Redes públicas de cadeias de blocos

As cadeias de blocos públicas não têm permissões e permitem que todos se juntem a elas. Todos os membros da cadeia de blocos têm direitos iguais para ler, editar e validar a cadeia de blocos. As pessoas usam principalmente blockchains públicas para trocar e minerar criptomoedas como Bitcoin, Ethereum e Litecoin.

Redes privadas de cadeias de blocos

Uma única organização controla as cadeias de blocos privadas, também designadas por cadeias de blocos geridas. A autoridade determina quem pode ser membro e que direitos tem na rede. As cadeias de blocos privadas são apenas parcialmente descentralizadas porque têm restrições de acesso. A Ripple, uma rede de câmbio de moeda digital para empresas, é um exemplo de uma blockchain privada.

Redes de cadeias de blocos híbridas

As cadeias de blocos híbridas combinam elementos de redes públicas e privadas. As empresas podem criar sistemas privados, baseados em permissões, juntamente com um sistema público. Desta forma, controlam o acesso a dados específicos armazenados na cadeia de blocos, mantendo o resto dos dados públicos. Utilizam contratos inteligentes para permitir que os membros públicos verifiquem se as transacções privadas foram concluídas. Por exemplo, as cadeias de blocos híbridas podem conceder acesso público à moeda digital, mantendo privada a moeda detida pelos bancos.

Redes de cadeias de blocos do consórcio

Um grupo de organizações governa redes de blockchain de consórcio. As organizações pré-selecionadas partilham a responsabilidade de manter a cadeia de blocos e determinar os direitos de acesso aos dados. Os sectores em que muitas organizações têm objectivos comuns e beneficiam da responsabilidade partilhada preferem frequentemente redes de blockchain de consórcio. Por exemplo, o Global Shipping Business Network Consortium é um consórcio de blockchain sem fins lucrativos que tem como objetivo digitalizar o sector do transporte marítimo e aumentar a colaboração entre os operadores do sector marítimo.

O que são protocolos de cadeia de blocos?

O termo protocolo de cadeia de blocos refere-se a diferentes tipos de plataformas de cadeia de blocos que estão disponíveis para o desenvolvimento de aplicações. Cada protocolo de cadeia de blocos adapta os princípios básicos da cadeia de blocos para se adequar a sectores ou aplicações específicos. Nas subsecções seguintes são apresentados alguns exemplos de protocolos de cadeia de blocos:

Tecido Hyperledger

O Hyperledger Fabric é um projeto de código aberto com um conjunto de ferramentas e bibliotecas. As empresas podem utilizá-lo para criar aplicações de cadeias de blocos privadas de forma rápida e eficaz. É uma estrutura modular de uso geral que oferece caraterísticas únicas de gestão de identidade e controlo de acesso. Estas caraterísticas tornam-na adequada para várias aplicações, como o rastreio de cadeias de abastecimento, o financiamento do comércio, a fidelização e as recompensas, e a liquidação de compensação de activos financeiros.

Ethereum

O Ethereum é uma plataforma de blockchain descentralizada e de código aberto que as pessoas podem utilizar para criar aplicações públicas de blockchain. A Ethereum Enterprise foi concebida para casos de utilização empresarial.

Corda

O Corda é um projeto de cadeia de blocos de código aberto concebido para empresas. Com o Corda, é possível criar redes de cadeia de blocos interoperáveis que efectuam transacções em estrita privacidade. As empresas podem utilizar a tecnologia de contrato inteligente do Corda para transacionar diretamente, com valor. A maioria dos seus utilizadores são instituições financeiras.

Quórum

O Quorum é um protocolo de cadeia de blocos de código aberto derivado do Ethereum. Foi especialmente concebido para ser utilizado numa rede de cadeia de blocos privada, em que apenas um único membro possui todos os nós, ou numa rede de cadeia de blocos de consórcio, em que vários membros possuem uma parte da rede.

O que é Python :-

Abaixo estão alguns factos sobre a Python.

Python é atualmente a linguagem de programação de alto nível polivalente mais utilizada.

Python permite programar nos paradigmas Orientado a Objectos e Procedimental. Os programas Python são geralmente mais pequenos do que outras linguagens de programação como Java.

Os programadores têm de escrever relativamente menos e o requisito de indentação da linguagem torna-os sempre legíveis.

A linguagem Python está a ser utilizada por quase todas as empresas gigantes da tecnologia como - Google, Amazon, Facebook, Instagram, Dropbox, Uber... etc.

A maior força do Python é a enorme coleção de bibliotecas padrão que podem ser usadas para o seguinte -

- <u>Aprendizagem automática</u>
- Aplicações GUI (como Kivy, Tkinter, PyQt, etc.)
- Estruturas Web como Django (utilizadas pelo YouTube, Instagram, Dropbox)
- Processamento de imagens (como Opencv, Pillow)
- Raspagem da Web (como Scrapy, BeautifulSoup, Selenium)
- Quadros de teste
- Multimédia

Vantagens da Python :-

Vamos ver como Python domina sobre outras linguagens.

1. Bibliotecas extensas

O Python é descarregado com uma extensa biblioteca e *contém código para vários fins, como expressões regulares, geração de documentação, testes unitários, navegadores Web, threading, bases de dados, CGI, correio eletrónico, manipulação de imagens e muito mais.* Assim, não precisamos de escrever o código completo para isso manualmente.

2. Extensível

Como vimos anteriormente, o Python pode ser **alargado a outras linguagens**. Pode escrever parte do seu código em linguagens como C++ ou C. Isto é muito útil, especialmente em projectos.

3. Incorporável

Para além da extensibilidade, Python é também incorporável. Podes colocar o teu código Python no teu código fonte de uma linguagem diferente, como o C++. Isto permite-nos adicionar **capacidades de scripting** ao nosso código na outra linguagem.

4. Melhoria da produtividade

A simplicidade da linguagem e as extensas bibliotecas tornam os programadores **mais produtivos** do que linguagens como Java e C++. Além disso, o facto de precisar de escrever menos e conseguir fazer mais coisas.

5. Oportunidades IOT

Uma vez que o Python constitui a base de novas plataformas como o Raspberry Pi, o futuro é brilhante para a Internet das Coisas. Esta é uma forma de ligar a linguagem ao mundo real.

6. Simples e fácil

Quando trabalhas com Java, podes ter de criar uma classe para imprimir **'Hello World'**. Mas em Python, basta uma instrução de impressão. Também é bastante **fácil de aprender, compreender** e **codificar.** É por isso que, quando as pessoas começam a trabalhar com Python, têm dificuldade em adaptar-se a outras linguagens mais verbosas como Java.

7. Legível

Por não ser uma linguagem tão verbosa, ler Python é muito parecido com ler inglês. Esta é a razão pela qual é tão fácil de aprender, compreender e codificar. Também não precisa de chavetas para definir blocos, e **a indentação é obrigatória.** Isto ajuda ainda mais a legibilidade do código.

8. Orientado para os objectos

Esta linguagem suporta os paradigmas de programação **processual e orientada para os objectos**. Enquanto as funções nos ajudam na reutilização do código, as classes e os objectos permitem-nos modelar o mundo real. Uma classe permite o **encapsulamento de dados** e funções numa só.

9. Livre e de código aberto

Como dissemos anteriormente, o Python está **disponível gratuitamente.** Mas não só pode **descarregar Python** gratuitamente, como também pode descarregar o seu código fonte, fazer-lhe alterações e até distribuí-lo. É descarregado com uma extensa coleção de bibliotecas para o ajudar nas suas tarefas.

10. Portátil

Quando codificas o teu projeto numa linguagem como C++, podes ter de fazer algumas alterações se quiseres executá-lo noutra plataforma. Mas não é o mesmo com Python. Aqui, **só precisa de codificar uma vez** e pode executá-lo em qualquer lugar. A isto chama-se **"Write Once Run Anywhere" (WORA)**. No entanto, é necessário ter o cuidado de não incluir quaisquer funcionalidades dependentes do sistema.

11. Interpretado

Por último, diremos que se trata de uma linguagem interpretada. Uma vez que as instruções são executadas uma a uma, **a depuração é mais fácil** do que nas linguagens compiladas.

Alguma dúvida até agora sobre as vantagens do Python? Comente na secção de comentários.

Vantagens do Python em relação a outras linguagens

1. Menos codificação

Quase todas as tarefas feitas em Python requerem menos codificação quando a mesma tarefa é feita noutras linguagens. A linguagem Python também tem um suporte de biblioteca padrão espetacular, por isso não é necessário procurar bibliotecas de terceiros para fazer o seu trabalho. Esta é a razão pela qual muitas pessoas sugerem a aprendizagem de Python a principiantes.

2. Acessível

Python é gratuito, pelo que os indivíduos, as pequenas empresas ou as grandes organizações podem tirar partido dos recursos gratuitos disponíveis para criar aplicações. A linguagem Python é popular e amplamente utilizada, pelo que beneficia do apoio da comunidade.

O inquérito anual do Github de 2019 mostrou-nos que o Python ultrapassou o Java na categoria de linguagem de programação mais popular.

3. Python é para todos

O código Python pode ser executado em qualquer máquina, seja ela Linux, Mac ou Windows. Os programadores precisam de aprender linguagens diferentes para trabalhos diferentes, mas com Python, pode criar aplicações Web profissionais, efetuar análises de dados e **aprendizagem** automática, automatizar coisas, fazer scraping da Web e também criar jogos e visualizações poderosas. É uma linguagem de programação polivalente.

Desvantagens do Python

Até agora, vimos porque é que Python é uma excelente escolha para o seu projeto. Mas se a escolher, deve também estar ciente das suas consequências. Vamos agora ver as desvantagens de escolher Python em vez de outra linguagem.

1. Limitações de velocidade

Vimos que o código Python é executado linha a linha. Mas como o Python é interpretado, muitas vezes resulta numa **execução lenta**. Isto, no entanto, não é um problema, a menos que a velocidade seja um ponto focal do projeto. Por outras palavras, a menos que a velocidade elevada seja um requisito, as vantagens oferecidas pelo Python são suficientes para nos distrairmos das suas limitações de velocidade.

2. Fraqueza da computação móvel e dos navegadores

Embora sirva como uma excelente linguagem do lado do servidor, Python é muito raramente visto no **lado do cliente**. Além disso, raramente é utilizado para implementar aplicações baseadas em smartphones. Uma dessas aplicações chama-se **Carbonnelle**.

A razão pela qual não é tão famoso, apesar da existência do Brython, é o facto de não ser muito seguro.

3. Restrições de conceção

Como sabes, Python é **tipado dinamicamente**. Isto significa que não é necessário declarar o tipo de variável enquanto se escreve o código. Ele usa **duck-typing**. Mas espera, o que é isso? Bem, significa apenas que se se parece com um pato, deve ser um pato. Embora isso seja fácil para os programadores durante a codificação, pode **gerar erros em tempo de execução**.

4. Camadas de acesso a bases de dados pouco desenvolvidas

Em comparação com as tecnologias mais utilizadas, como **o JDBC (Java DataBase Connectivity)** e **o ODBC (Open DataBase Connectivity)**, as camadas de acesso à base de dados do Python estão um pouco subdesenvolvidas. Consequentemente, a sua aplicação é menos frequente em grandes empresas.

5. Simples

Não, não estamos a brincar. A simplicidade do Python pode, de facto, ser um problema. Veja o meu exemplo. Eu não uso Java, sou mais uma pessoa que usa Python. Para mim, a sua sintaxe é tão simples que a verbosidade do código Java parece desnecessária.

Este artigo foi sobre as vantagens e desvantagens da linguagem de programação Python.

História da Python : -

O que é que o alfabeto e a linguagem de programação Python têm em comum? Certo, ambos começam por ABC. Se estamos a falar de ABC no contexto Python, é evidente que se trata da linguagem de programação ABC. O ABC é uma linguagem de programação e um ambiente de programação de uso geral, que foi desenvolvido nos Países Baixos, em Amesterdão, no CWI (Centrum Wiskunde &Informatica). O maior feito do ABC foi influenciar o design do Python. O Python foi conceptualizado no final dos anos 1980. Guido van Rossum trabalhava nessa altura num projeto no CWI, chamado Amoeba, um sistema operativo distribuído. Em uma entrevista com Bill Venners[1], Guido van Rossum disse: "No início dos anos 80, trabalhei como implementador numa equipa que construía uma linguagem chamada ABC no Centrum voor Wiskunde en Informatica (CWI). Não sei até que ponto as pessoas conhecem a influência da ABC na Python. Tento mencionar a influência da ABC porque estou em dívida com tudo o que aprendi durante esse projeto e com as pessoas que nele trabalharam." Mais tarde, na mesma entrevista, Guido van Rossum continuou: "Lembrei-me de toda a minha experiência e de algumas das minhas frustrações com o ABC. Decidi tentar conceber uma linguagem de script simples que possuísse algumas das melhores propriedades do ABC, mas sem os seus problemas. Então comecei a escrever. Criei uma máquina virtual simples, um analisador simples e um tempo de execução simples. Fiz a minha própria versão das várias partes do ABC que eu gostava. Criei uma sintaxe básica, usei indentação para agrupar declarações em vez de chavetas ou blocos de início-fim, e desenvolvi um pequeno número de tipos de dados poderosos: uma tabela de hash (ou dicionário, como lhe chamamos), uma lista, cadeias de caracteres e números."

Etapas do desenvolvimento em Python : -

Guido Van Rossum publicou a primeira versão do código Python (versão 0.9.0) em alt.sources em fevereiro de 1991. Esta versão já incluía o tratamento de excepções, funções e os principais tipos de dados: lista, dict, str e outros. Era também orientada a objectos e tinha um sistema de módulos. A versão 1.0 do Python foi lançada em janeiro de 1994. As principais novidades incluídas nesta versão foram as ferramentas de programação funcional lambda, map, filter e reduce, de que Guido Van Rossum nunca gostou. Seis anos e meio mais tarde, em outubro de 2000, foi introduzida a versão 2.0 do Python. Esta versão incluía a compreensão de listas, um coletor de lixo completo e suportava unicode. Python floresceu durante mais 8 anos nas versões 2.x antes de ser lançada a versão seguinte, Python 3.0 (também conhecida como "Python 3000" e "Py3K"). O Python 3 não é retrocompatível com o Python 2.x. A ênfase no Python 3 tinha sido na remoção de construções e módulos de programação duplicados, cumprindo assim ou chegando perto de cumprir a 13ª lei do Zen do Python: "Deve haver uma -- e de preferência apenas uma -- maneira óbvia de fazer isso. "Algumas mudanças no Python 7.3:

- Imprimir é agora uma função
- Vistas e iteradores em vez de listas
- As regras de ordenação das comparações foram simplificadas. Por exemplo, uma lista heterogénea não pode ser ordenada, porque todos os elementos de uma lista devem ser comparáveis entre si.
- Só resta um tipo inteiro, ou seja, int. long também é int.
- A divisão de dois números inteiros devolve um float em vez de um número inteiro. "//" pode ser usado para ter o comportamento "antigo".
- Texto vs. Dados em vez de Unicode vs. 8 bits

Objetivo :-

Demonstramos que a nossa abordagem permite uma segmentação bem sucedida das camadas intra-retinianas - mesmo com imagens de baixa qualidade contendo ruído speckle, baixo contraste e diferentes gamas de intensidade - com a ajuda da caraterística ANIS.

Python

Python é uma linguagem de programação interpretada de alto nível para programação de uso geral. Criada por Guido van Rossum e lançada pela primeira vez em 1991, Python tem uma filosofia de design que enfatiza a legibilidade do código, nomeadamente a utilização de espaços em branco significativos.

Python possui um sistema de tipos dinâmicos e gestão automática da memória. Suporta vários paradigmas de programação, incluindo orientado para objectos, imperativo, funcional e processual, e possui uma biblioteca padrão grande e abrangente.

- Python é interpretado - Python é processado em tempo de execução pelo interpretador. Não é necessário compilar o programa antes de o executar. Isto é semelhante ao PERL e ao PHP.
- Python é interativo - pode sentar-se numa linha de comandos Python e interagir diretamente com o interpretador para escrever os seus programas.

Python também reconhece que a velocidade de desenvolvimento é importante. Código legível e conciso é parte disso, assim como o acesso a construções poderosas que evitam a repetição tediosa de código. A capacidade de manutenção também está ligada a esta métrica que pode ser quase inútil, mas diz algo sobre a quantidade de código que é necessário analisar, ler e/ou compreender para resolver problemas ou ajustar comportamentos. Essa velocidade de desenvolvimento, a facilidade com que um programador de outras linguagens pode aprender habilidades básicas de Python e a enorme biblioteca padrão são a chave para outra área em que Python se destaca. Todas as suas ferramentas foram implementadas rapidamente, poupando muito tempo, e muitas delas foram posteriormente corrigidas e actualizadas por pessoas sem conhecimentos de Python - sem quebras.

GANACHE

1. o Ganache funciona como uma interface de fácil utilização que facilita as actividades da cadeia de blocos Ethereum no projeto. Apresenta detalhes críticos, como contas, transacções e contratos inteligentes, oferecendo uma plataforma conveniente para os utilizadores interagirem com a cadeia de blocos Ethereum.

2. O Ganache fornece informações sobre blocos individuais, oferecendo informações cruciais como números de blocos, carimbos de data e hora, transacções e utilização de gás. Estas informações ajudam na análise abrangente da cadeia de blocos, melhorando a compreensão do desempenho do sistema e da dinâmica das transacções no âmbito do projeto.

3. O Ganache é utilizado para aceder a dados na cadeia de blocos Ethereum local no âmbito do projeto, abrangendo informações relacionadas com o armazenamento de registos prediais, as especificidades do sistema e as interações dos utilizadores, contribuindo para a funcionalidade global e a gestão de dados do projeto.

METAMASK

1.MetaMask está integrado no projeto como uma carteira Ethereum e uma extensão de browser. Permite aos utilizadores gerir criptomoedas e aceder a aplicações descentralizadas (DApps) sem problemas dentro do ecossistema do projeto.

2.MetaMask é utilizado no projeto para transacções Ethereum seguras. Assegura uma dedução transparente de ETH e um processamento eficiente das transacções, reforçando a segurança e a fiabilidade das interações financeiras no âmbito do projeto.

Módulos utilizados no projeto :-

Tensorflow

O TensorFlow é uma <u>biblioteca de software para fluxo de dados e programação diferenciável gratuita</u> e <u>de código aberto</u> numa série de tarefas. É uma biblioteca de matemática simbólica e também é utilizada para aplicações <u>de aprendizagem automática,</u> como as <u>redes neuronais</u>. É utilizada tanto para investigação como para produção na <u>Google</u>.

O TensorFlow foi desenvolvido pela equipa <u>do Google Brain</u> para uso interno da Google. Foi lançado sob a <u>licença de código aberto Apache 2.0</u> em 9 de novembro de 2015.

Numpy

Numpy é um pacote de processamento de matrizes de uso geral. Fornece um objeto de matriz multidimensional de elevado desempenho e ferramentas para trabalhar com estas matrizes.

É o pacote fundamental para a computação científica com Python. Contém várias funcionalidades, incluindo estas importantes:

- Um poderoso objeto de matriz N-dimensional
- Funções sofisticadas (de difusão)
- Ferramentas para integração de código C/C++ e Fortran
- Capacidades úteis de álgebra linear, transformada de Fourier e números aleatórios

Para além das suas utilizações científicas óbvias, o Numpy também pode ser utilizado como um contentor multidimensional eficiente de dados genéricos. Tipos de dados arbitrários podem ser definidos usando o Numpy, o que permite que o Numpy se integre de forma simples e rápida com uma grande variedade de bases de dados.

Pandas

Pandas é uma biblioteca Python de código aberto que fornece uma ferramenta de manipulação e análise de dados de elevado desempenho utilizando as suas poderosas estruturas de dados. A linguagem Python era maioritariamente utilizada para a manipulação e preparação de dados. A sua contribuição para a análise de dados era muito reduzida. O Pandas resolveu este problema. Utilizando Pandas, podemos realizar cinco passos típicos no processamento e análise de dados, independentemente da origem dos dados: carregar, preparar, manipular, modelar e analisar. O Python com Pandas é utilizado numa vasta gama de domínios, incluindo os domínios académico e comercial, nomeadamente finanças, economia, estatística, análise, etc.

Matplotlib

O Matplotlib é uma biblioteca de plotagem 2D em Python que produz figuras com qualidade de publicação numa variedade de formatos impressos e ambientes interactivos em várias plataformas. O Matplotlib pode ser usado em scripts Python, nos shells Python e IPython , no Jupyter Notebook, em servidores de aplicações web e em quatro kits de ferramentas de interface gráfica com o utilizador. O Matplotlib tenta tornar as coisas fáceis fáceis e as coisas difíceis possíveis. Pode gerar gráficos, histogramas, espectros de potência, gráficos de barras, gráficos de erros, gráficos de dispersão, etc., com apenas algumas linhas de código. Para exemplos, veja os exemplos de gráficos e a galeria de miniaturas.

Para a criação de gráficos simples, o módulo pyplot fornece uma interface semelhante à do MATLAB, particularmente quando combinado com o IPython. Para o utilizador avançado, tem o controlo total dos estilos de linha, propriedades do tipo de letra, propriedades dos eixos, etc., através de uma interface orientada para objectos ou através de um conjunto de funções familiares aos utilizadores do MATLAB.

Scikit - aprender

O Scikit-learn fornece uma gama de algoritmos de aprendizagem supervisionada e não supervisionada através de uma interface consistente em Python. Está licenciado ao abrigo de uma licença BSD simplificada permissiva e é distribuído em muitas distribuições Linux, incentivando a utilização académica e comercial.

Python

Python é uma linguagem de programação interpretada de alto nível para programação de uso geral. Criada por Guido van Rossum e lançada pela primeira vez em 1991, Python tem uma filosofia de design que enfatiza a legibilidade do código, nomeadamente a utilização de espaços em branco significativos.

Python possui um sistema de tipos dinâmicos e gestão automática da memória. Suporta vários paradigmas de programação, incluindo orientado para objectos, imperativo, funcional e processual, e possui uma biblioteca padrão grande e abrangente.

- Python é interpretado - Python é processado em tempo de execução pelo interpretador. Não é necessário compilar o programa antes de o executar. Isto é semelhante ao PERL e ao PHP.
- Python é interativo - pode sentar-se numa linha de comandos Python e interagir diretamente com o interpretador para escrever os seus programas.

Python também reconhece que a velocidade de desenvolvimento é importante. Código legível e conciso é parte disso, assim como o acesso a construções poderosas que evitam a repetição tediosa de código. A capacidade de manutenção também está ligada a esta métrica que pode ser quase inútil, mas diz algo sobre a quantidade de código que é necessário analisar, ler e/ou compreender para resolver problemas ou ajustar comportamentos. Esta velocidade de desenvolvimento, a facilidade com que um programador de outras linguagens pode adquirir conhecimentos básicos de Python e a enorme biblioteca padrão são a chave para outra área em que Python se destaca. Todas as suas ferramentas foram implementadas rapidamente, poupando muito tempo, e muitas delas foram posteriormente corrigidas e actualizadas por pessoas sem conhecimentos de Python - sem quebras.

Instalar Python passo a passo no Windows e Mac :

Python, uma linguagem de programação versátil, não vem pré-instalada nos dispositivos informáticos. Python foi lançada pela primeira vez no ano de 1991 e até hoje é uma linguagem de programação de alto nível muito popular. A sua filosofia de estilo enfatiza a legibilidade do código com a utilização notável de grandes espaços em branco.

A abordagem orientada para objectos e a construção de linguagem fornecida pelo Python permitem aos programadores escrever código claro e lógico para projectos. Este software não vem pré-embalado com o Windows.

Como instalar o Python no Windows e Mac :

Houve várias actualizações da versão Python ao longo dos anos. A questão é como instalar o Python? Pode ser confuso para o principiante que está disposto a começar a aprender Python, mas este tutorial vai resolver a sua questão. A última ou a mais recente versão do Python é a versão 3.7.4 ou, por outras palavras, é o Python 3.

Nota: A versão 3.7.4 do python não pode ser utilizada em dispositivos Windows XP ou anteriores.

Antes de iniciar o processo de instalação do Python. Em primeiro lugar, é necessário conhecer os **requisitos do sistema**. Com base no seu tipo de sistema, ou seja, sistema operativo e processador baseado, deve descarregar a versão do Python. O meu tipo de sistema é um **sistema operativo Windows de 64 bits**. Portanto, os passos abaixo são para instalar a versão 3.7.4 do python no dispositivo Windows 7 ou para instalar o Python 3. Os passos sobre como instalar o Python no Windows 10, 8 e 7 estão **divididos em 4 partes** para ajudar a entender melhor.

Descarregar a versão correta para o sistema

Passo 1: Aceda ao sítio oficial para transferir e instalar o python utilizando o Google Chrome ou qualquer outro navegador Web. OU Clique na seguinte hiperligação: **https://www.python.org**

Agora, verifique a versão mais recente e correta para o seu sistema operativo.

Passo 2: Clique no separador "Descarregar".

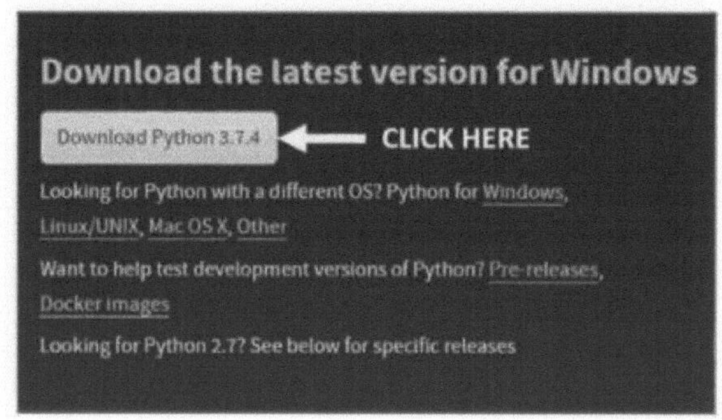

Passo 3: Pode selecionar o botão Descarregar Python para Windows 3.7.4 na cor amarela ou pode deslocar-se mais para baixo e clicar em descarregar com a respectiva versão. Aqui, estamos a descarregar a versão mais recente do Python para Windows 3.7.4

Release version	Release date		Click for more
Python 3.7.4	July 8, 2019	Download	Release Notes
Python 3.6.9	July 2, 2019	Download	Release Notes
Python 3.7.3	March 25, 2019	Download	Release Notes
Python 3.4.10	March 18, 2019	Download	Release Notes
Python 3.5.7	March 18, 2019	Download	Release Notes
Python 3.7.16	March 4, 2019	Download	Release Notes
Python 3.7.2	Dec. 24, 2018	Download	Release Notes

Passo 4: Percorra a página até encontrar a opção Ficheiros.

Passo 5: Aqui vê-se uma versão diferente do python juntamente com o sistema operativo.

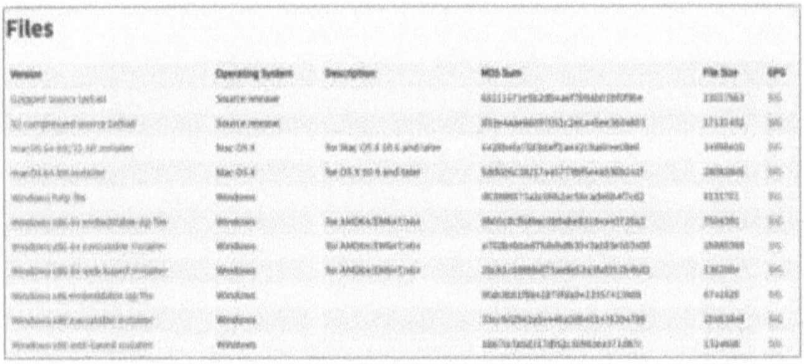

Files

Version	Operating System	Description	MD5 Sum	File Size	GPG
[illegible]	Source release		[illegible]	[illegible]	SIG
[illegible]	Source release		[illegible]	[illegible]	SIG
[illegible]	Mac OS X	[illegible]	[illegible]	[illegible]	SIG
[illegible]	Mac OS X	[illegible]	[illegible]	[illegible]	SIG
[illegible]	Windows		[illegible]	[illegible]	SIG
[illegible]	Windows	[illegible]	[illegible]	[illegible]	SIG
[illegible]	Windows	[illegible]	[illegible]	[illegible]	SIG
[illegible]	Windows	[illegible]	[illegible]	[illegible]	SIG
[illegible]	Windows		[illegible]	[illegible]	SIG
[illegible]	Windows		[illegible]	[illegible]	SIG
[illegible]	Windows		[illegible]	[illegible]	SIG

- Para descarregar o python de 32 bits do Windows, pode selecionar qualquer uma das três opções: Ficheiro zip incorporável do Windows x86, instalador executável do Windows x86 ou instalador baseado na Web do Windows x86.

-Para descarregar o python do Windows de 64 bits, pode selecionar qualquer uma das três opções: Ficheiro zip incorporável do Windows x86-64, instalador executável do Windows x86-64 ou instalador baseado na Web do Windows x86-64.

Aqui vamos instalar o instalador baseado na web do Windows x86-64. Aqui, a primeira parte relativa à versão do python a ser descarregada está concluída. Agora avançamos para a segunda parte da instalação do python, ou seja, a instalação

Nota: Para conhecer as alterações ou actualizações efectuadas na versão, pode clicar na opção Nota de lançamento.

Instalação do Python

Passo 1: Vá para Download e abra a versão descarregada do python para realizar o processo de instalação.

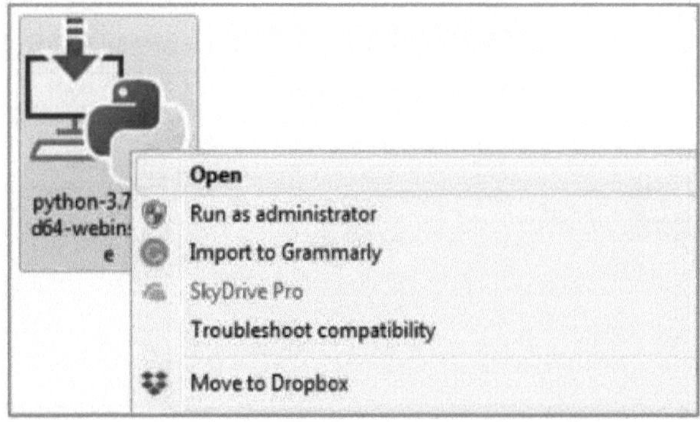

Passo 2: Antes de clicares em Install Now (Instalar agora), certifica-te de que colocas um visto em Add Python 3.7 to PATH (Adicionar Python 3.7 ao PATH).

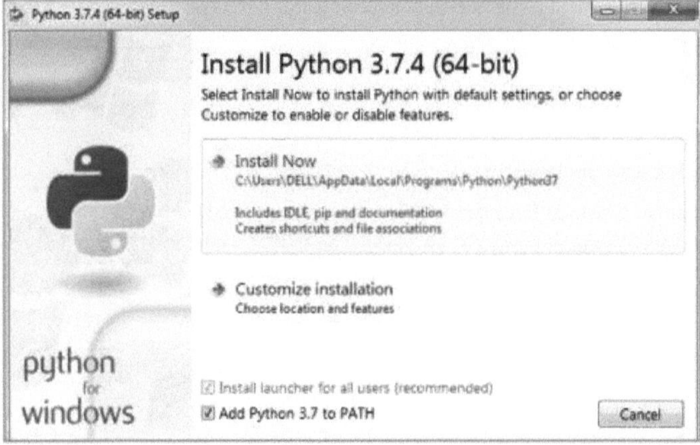

Passo 3: Clique em Install NOW (Instalar agora) Depois de a instalação ser bem sucedida. Clique em Fechar.

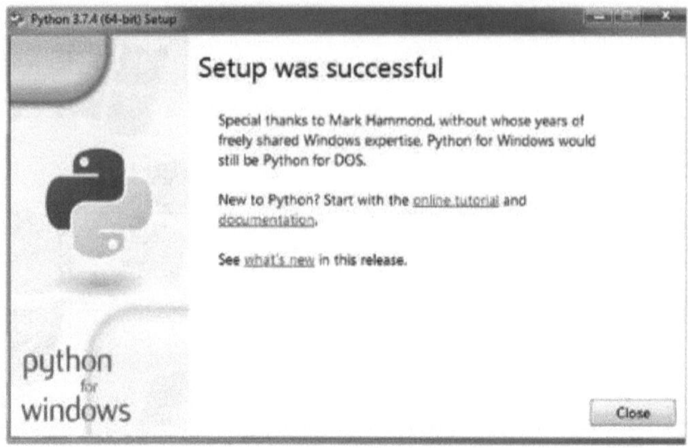

Com estes três passos acima sobre a instalação do Python, instalaste o Python com sucesso e corretamente. Agora é a altura de verificar a instalação.

Nota: O processo de instalação pode demorar alguns minutos.

Verificar a instalação do Python

Passo 1: Clique em Iniciar

Passo 2: No comando Executar do Windows, escreva "cmd".

Passo 3: Abrir a opção de prompt de comando.

Passo 4: Vamos testar se o python está corretamente instalado. Digite **python -V** e pressione Enter.

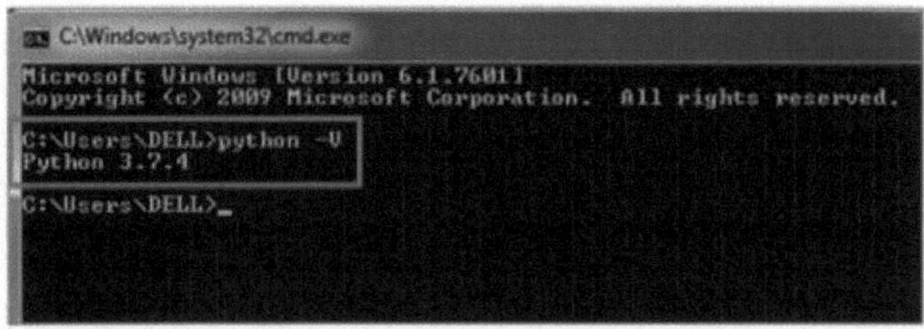

Passo 5: Obterá a resposta 3.7.4

Nota: Se tiver alguma das versões anteriores do Python já instalada. Deve primeiro desinstalar a versão anterior e depois instalar a nova versão.

Verificar como funciona o Python IDLE

Passo 1: Clique em Iniciar

Passo 2: No comando Executar do Windows, escreva "python idle".

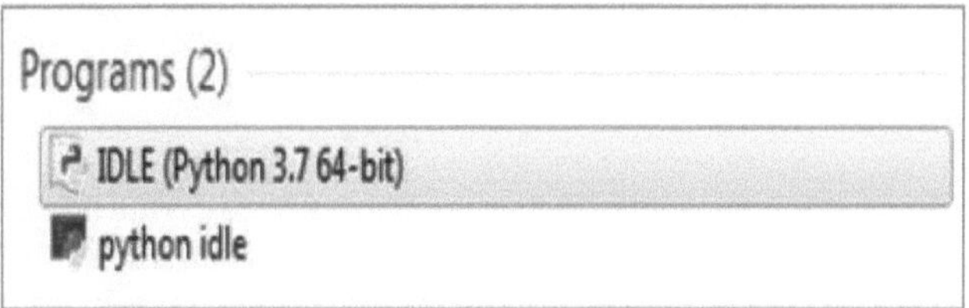

Passo 3: Clique em IDLE (Python 3.7 64-bit) e inicie o programa

Passo 4: Para continuar a trabalhar no IDLE, deve primeiro guardar o ficheiro. **Clique em Ficheiro > Clique em Guardar**

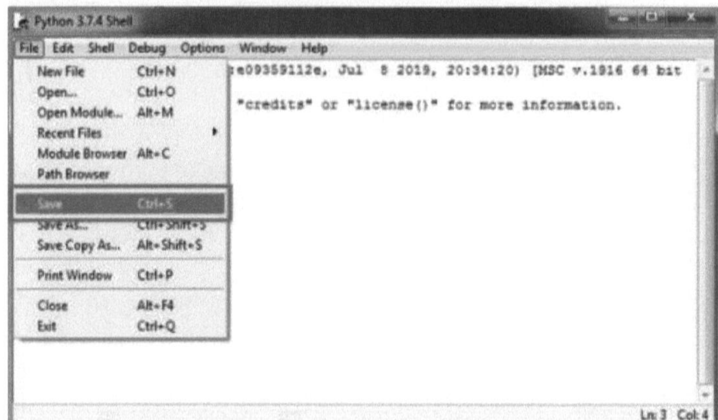

Passo 5: O nome do ficheiro e o tipo de ficheiro a guardar devem ser ficheiros Python. Clica em SAVE (Guardar). Aqui, dei aos ficheiros o nome de Hey World.

Passo 6: Agora, por exemplo, **introduza print**.

TESTE DO SISTEMA

8. TESTE DO SISTEMA

8.1 ESTRATÉGIAS DE ENSAIO

ENSAIO DE UNIDADE

Os testes unitários são uma técnica de teste que utiliza módulos individuais para determinar se existem problemas por parte do próprio programador. O principal objetivo é isolar cada unidade do sistema para identificar, analisar e corrigir os defeitos.

Técnicas de teste unitário:

Testes de caixa negra - Utilizando a interface do utilizador, a entrada e a saída são testadas.

Teste de caixa branca - Utilizado para testar o comportamento de cada uma das funções testadas.

ENSAIO DO FLUXO DE DADOS

Os testes de fluxo de dados são uma família de estratégias de teste baseadas na seleção de caminhos através do fluxo de controlo do programa, a fim de explorar a sequência de eventos relacionados com o estado das variáveis ou do objeto de dados. Os testes de fluxo de dados centram-se nos pontos em que as variáveis recebem e nos pontos em que esses valores são utilizados.

ENSAIOS DE INTEGRAÇÃO

Testes de integração efectuados após a conclusão dos testes unitários, as unidades ou módulos devem ser integrados, o que dá origem a testes de integração. O objetivo dos ensaios de integração é verificar o funcionamento, o desempenho e a fiabilidade entre os módulos integrados.

TESTE DE INTEGRAÇÃO BIG BANG

O teste de integração Big Bang é uma estratégia de teste de integração em que todas as unidades são ligadas de uma só vez, resultando num sistema completo. Quando se adopta este tipo de estratégia de teste, é difícil isolar os erros encontrados, porque não se presta atenção à verificação das interfaces entre as unidades individuais.

TESTE DA INTERFACE DO UTILIZADOR

O teste da interface do utilizador, uma técnica de teste utilizada para identificar a presença de defeitos num produto/software em teste através da interface gráfica do utilizador [GUI].

8.2 CASOS DE TESTE:

S.NO	ENTRADA	Se disponível	Se não estiver disponível
1	Adicionar terreno	O utilizador pode acrescentar terrenos	Não existe um processo
2	Ver terreno	O utilizador pode visualizar o terreno	Não existe um processo
3	Verificar o estado	O utilizador pode verificar o estado	Não existe um processo

| 4 | Aceitar o pedido do utilizador | A autoridade central/administrador pode aceitar o pedido do utilizador | Não existe um processo |
| 5 | Aceitar pedido de terreno | A autoridade central/administração pode aceitar o pedido de terreno | Não existe um processo |

ECRÃS

9. CAPTURAS DE ECRÃ

Ecrãs de saída:

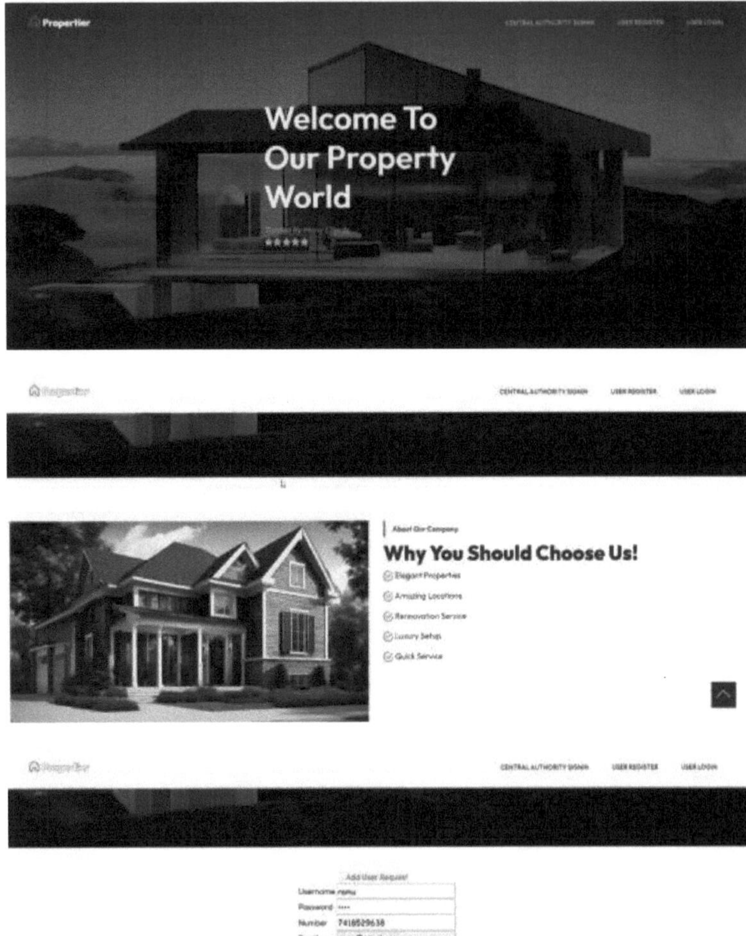

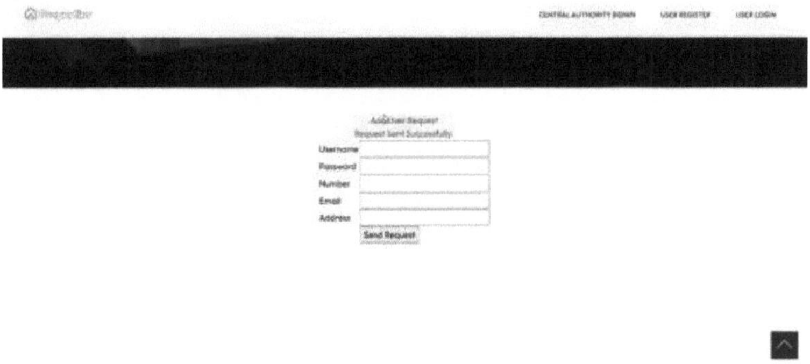

Add User Request
Request Sent Successfully

Username
Password
Number
Email
Address
Send Request

Add User Request
Request Sent Successfully

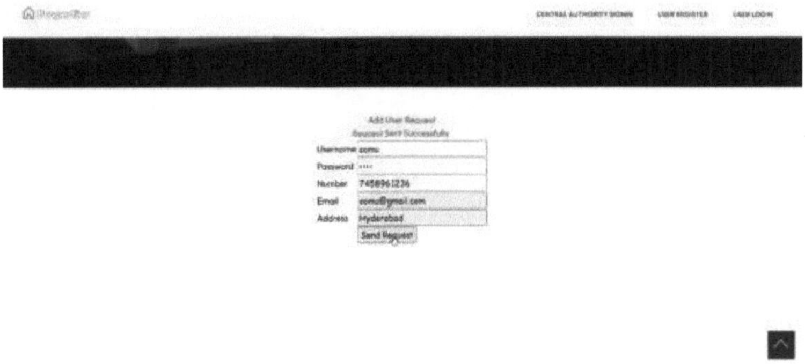

Username   somu
Password   ****
Number   745896l236
Email   somu@gmail.com
Address   Hyderabad
Send Request

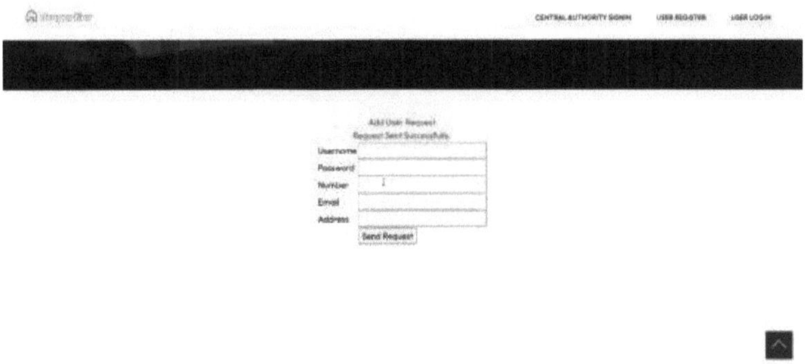

Add User Request
Request Sent Successfully

Username
Password
Number
Email
Address
Send Request

CENTRAL AUTHORITY SIGNIN   USER REGISTER   USER LOGIN

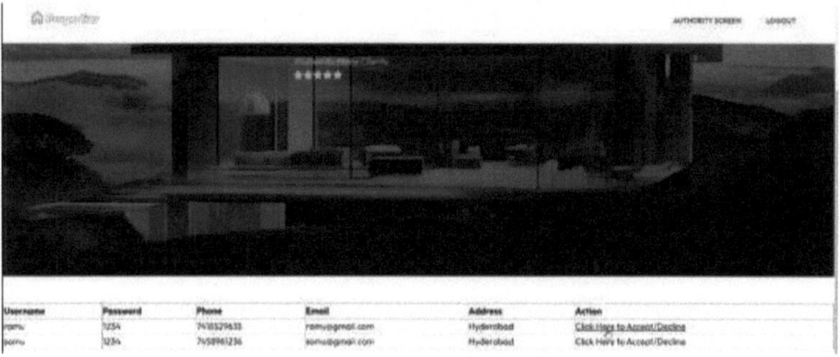

Username	Password	Phone	Email	Address	Action
ramu	1234	7410529633	ramu@gmail.com	Hyderabad	Click Here to Accept/Decline
somu	1234	7458961236	somu@gmail.com	Hyderabad	Click Here to Accept/Decline

Mark Status

Mark Status

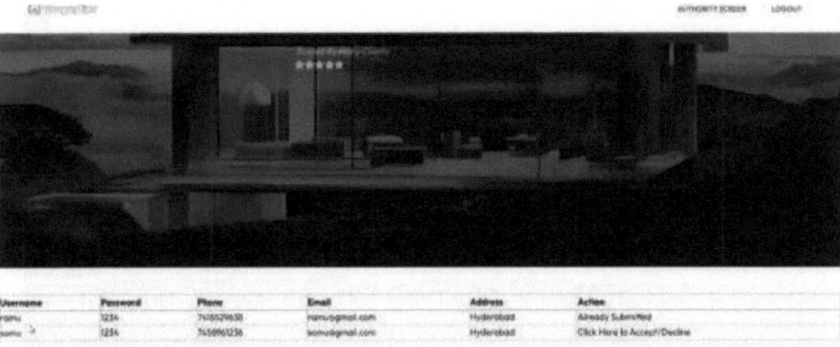

Username	Password	Phone	Email	Address	Action
ramu	1234	7416529638	ramu@gmail.com	Hyderabad	Already Submitted
somu	1234	7456961236	somu@gmail.com	Hyderabad	Click Here to Accept/Decline

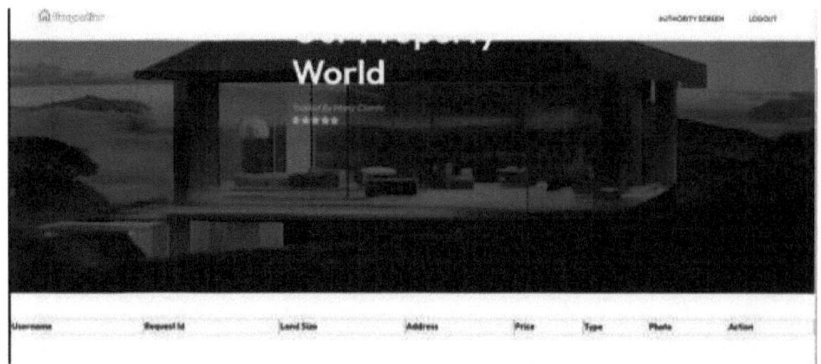

Welcome ramu

Propertier
ADD LAND
VIEW LANDS
CHECK STATUS
LOGOUT
Welcome To
Our Property
World

Propertier
USER SCREEN
LOGOUT
Add Land Request
Request Id   1
Land Size   200 square yards
Address   Hyderabad
Price   3000000
Type: Residency
Upload Land Image   Choose File   test.jpg
Send Request

Propertier
USER SCREEN
LOGOUT
Add Land Request
Land Details Added Successfully to blockchain with hashcode: QmbiliJGpdzdYYeYbjHw77PluotXX4Amb96Q7h6PbiUbECxT
Request Id
Land Size
Address
Price
Type: Select an option
Upload Land Image   Choose File   No file chosen
Send Request

Propertier
USER SCREEN
LOGOUT
Our Property
World

Propertier
CENTRAL AUTHORITY SIGNIN USER REGISTER USER LOGIN
Welcome To
Our Property
World

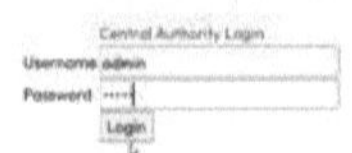
Central Authority Login
Username admin
Password *****
Login

Propertier
ACCEPT USER REQ ACCEPT LAND REQUEST LOGOUT
Welcome To
Our Property
World

Propertier
AUTHORITY SCREEN LOGOUT
Username Request Id Land Size Address Price Type Photo Action
ramu 1 200 square yards Hyderabad 3000000 residency Click Here to Accept/Decline

Mark Status

Mark Status

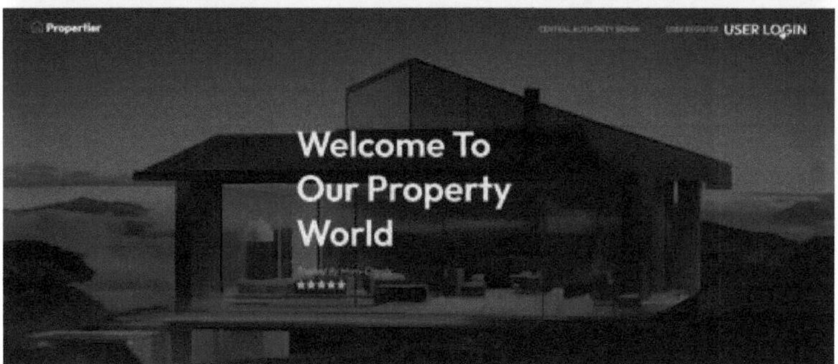

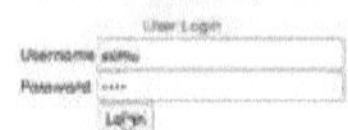

Welcome somu

Username	Request Id	Land Size	Address	Price	Type	Photo	Action
namu	1	200 square yards	Hyderabad	3000000	residency		Click Here to Accept/Decline

Purchase

Enter Amount 2500000
Submit

Purchase

Required Amount is more.

Enter Amount
Submit

Purchase

Required Amount is more.

Enter Amount 4000000
Submit

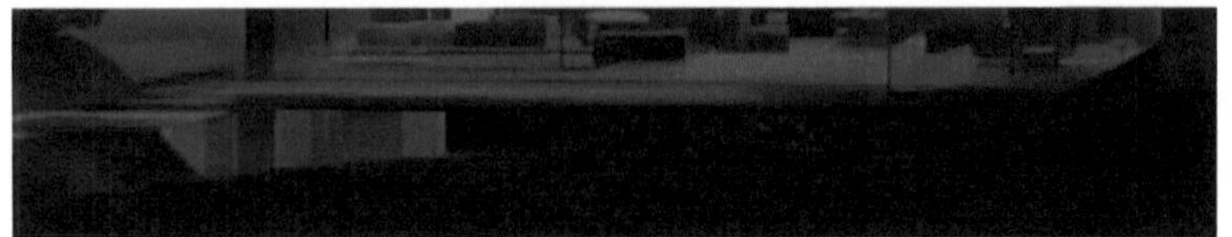

Purchase

Purchase Made Successfully, Land is Transferred Successfully.

Enter Amount

Submit

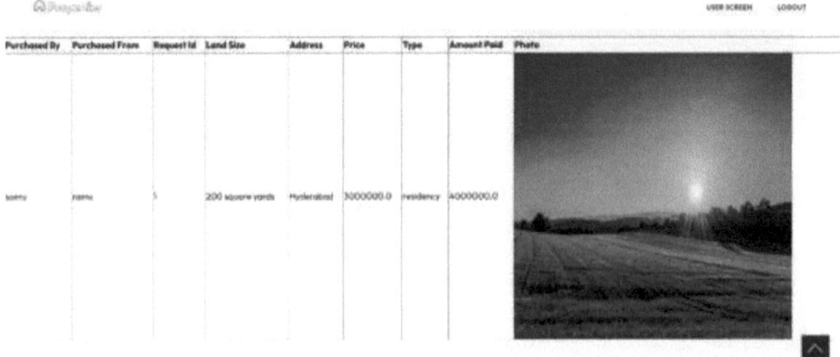

Purchased By	Purchased From	Request Id	Land Size	Address	Price	Type	Amount Paid	Photo
sonnu	nanu	5	200 square yards	Hyderabad	3000000.0	residency	4000000.0	

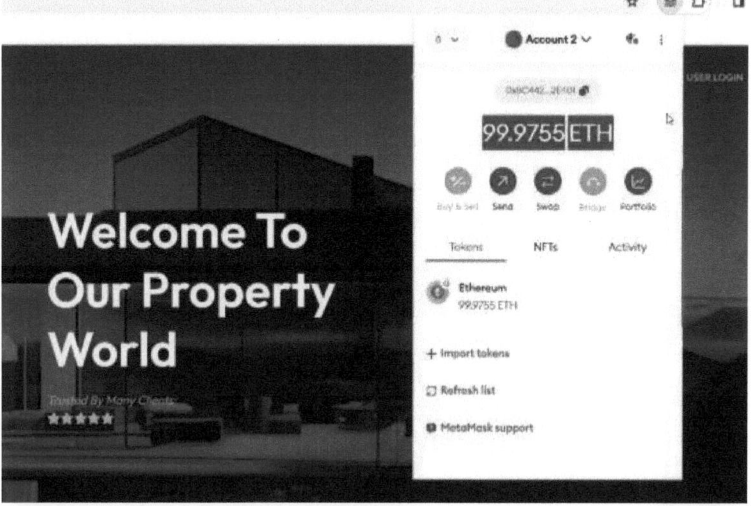
Welcome To Our Property World
Trusted By Many Clients
Account 2
99.9755 ETH
Buy & Sell   Send   Swap   Bridge   Portfolio
Tokens   NFTs   Activity
Ethereum
99.9755 ETH
Import tokens
Refresh list
MetaMask support
USER LOGIN

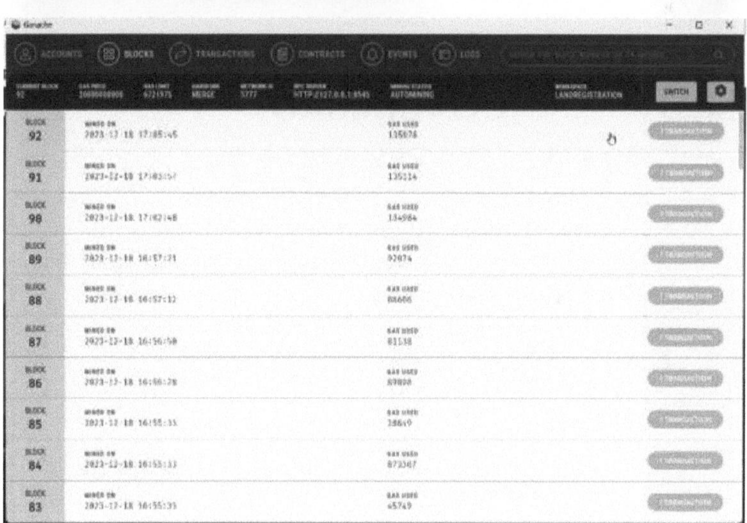

CONCLUSÃO

10. CONCLUSÃO

1. É desenvolvido com êxito um sistema de registo predial baseado em cadeias de blocos de fácil utilização, que simplifica o complexo processo de transferência da propriedade da terra e minimiza a burocracia, melhorando assim a eficiência global.

2. A abordagem descentralizada do projeto aborda as questões de corrupção no registo de terras, eliminando os intermediários, o que leva a uma maior fiabilidade e a uma menor probabilidade de falsificação, contribuindo, em última análise, para um processo de registo de terras mais fiável.

3. Tirando partido da tecnologia de cadeias de blocos, o projeto agiliza com êxito os processos de registo predial. Ao eliminar a necessidade de múltiplas verificações em várias fases, o sistema torna-se mais reativo às necessidades dos utilizadores, aumentando a velocidade e a eficiência globais.

4. O impacto mais vasto do projeto estende-se à sustentabilidade ambiental, reduzindo a utilização de papel na manutenção dos registos prediais. Ao encorajar a adoção de tecnologias e ao eliminar a papelada manual, especialmente em regiões com frequentes transferências de terras como a Índia, o projeto contribui positivamente para o ambiente.

BIBILOGRAFIA

11. REFERÊNCIAS

[1] Majumdar, M. A., Monim, M., & Shahriyer, M. M. (2020). Registro de terras baseado em blockchain com consenso de prova de participação delegada (DPoS) em Bangladesh. Simpósio da Região 10 do IEEE 2020 (TENSYMP). https://doi.org/10.1109/tensymp50017.2020.9230612.

[2] Mishra, I., Supriya, Sahoo, A., & Vivek Anand, M. (2021). Digitalização de registros de terras usando a tecnologia Blockchain. 2021 Conferência Internacional sobre Computação Avançada e Tecnologias Inovadoras em Engenharia (ICACITE). https://doi.org/10.1109/icacite51222.2021.9404678.

[3] Nandi, M., Bhattacharjee, R. K., Jha, A., & Barbhuiya, F. A. (2020). Uma estrutura segura de registro de terras no Blockchain. 2020 Terceira Conferência ISEA sobre Segurança e Privacidade (ISEA-ISAP). https://doi.

[4] S, K., & Sarath, G. (2020). Protegendo o registro de terras usando blockchain. Procedia Computer Science, 171, 1708-1715. https://doi.

[5] Shinde, D., Padekar, S., Raut, S., Wasay, A., & Sambhare, S. S. (2019). Registo predial com recurso a cadeias de blocos - Um estudo dos sistemas existentes e a proposta de uma solução viável. 2019 5ª Conferência Internacional sobre Computação, Comunicação, Controlo e Automação (ICCUBEA). https://doi.org/10.1109/iccubea47591.2019.9129289.

[6] Suganthe, R. C., Shanthi, N., Latha, R. S., Gowtham, K., Deepakkumar, S., & Elango, R. (2021). Digitalização habilitada para

Blockchain do registro de terras. 2021 Conferência Internacional sobre Computador Comunicação e Informática (ICCCI). https://doi.

[7] Thosar, A., Hame, M., Sarode, A., & Kaur, P. (2020). Gerenciamento de registro de terras usando blockachain. Conferência Internacional 2020 sobre Inovações Inteligentes em Design, Ambiente, Gestão, Planeamento e Computação (ICSIDEMPC). https://doi.

[8] Castellanos, Arturo & Benbunan-Fich, Raquel. (2018). Digitalização de registos prediais: Do papel à blockchain.

[9] Ramya U.M., Sindhuja P., Atsaya R., Bavya Dharani B., Manikanta Varshith Golla S. (2019) Reduzindo a falsificação no sistema de registro de terras usando a tecnologia Blockchain. In: Luhach A., Singh D., Hsiung PA., Hawari K., Lingras P., Singh P. (eds) Informática Avançada para Pesquisa em Computação. ICAICR 2018. Comunicações em Ciência da Computação e Informação, vol 955. Springer, Singapore. https://doi.org/10.1007/978-981-13-3140-4_65.

[10] A. Sahai e R. Pandey, "Smart Contract Definition for Land Registry in Blockchain", 2020 IEEE 9th International Conference on Communication Systems and Network Technologies (CSNT), Gwalior, Índia, 2020, pp. 230-235, doi: 10.1109/CSNT48778.2020.9115752.

[11] Aanchal Anand, Matthew McKibbin, Frank Pichel. (2017). Moedas coloridas: bitcoin, blockchain e administração de terras.

[12] Sekhari, Ashwin & Chatterjee, Rishav & Dwivedi, Ras & Negi, Rohit & Shukla, Sandeep (2019). Blockchains emaranhados na gestão do registo predial.

[13] Como a cadeia de blocos vai revolucionar muito mais do que o dinheiro | Aeon Essays by Dominic Frisby

[14] Nakamoto, Satoshi. (2009). Bitcoin: Um sistema de dinheiro eletrónico peer-to-peer. Lista de correio eletrónico sobre criptografia em https://metzdowd.com.

[15] Vinay Thakur, M.N. Doja, Yogesh K. Dwivedi, Tanvir Ahmad, Ganesh Khadanga, Land records on Blockchain for implementation of Land Titling in India, International Journal of Information Management, Volume 52,2020. https://doi.org/10.1016/j.ijinfomgt.2019.04.013.

[16] Transformações, transições ou contos de fadas? Uma análise global da aceitação e do impacto do NoSQL, da cadeia de blocos e da análise de grandes volumes de dados no sector da administração fundiária, Land Use Policy, Volume 83, 2019, https://doi.org/10.1016/j.landusepol.2019.02.016.

[17] N. Kshetri e J. Voas, "Blockchain in Developing Countries", em IT Professional, vol. 20, n.º 2, pp. 11-14, Mar./Abr. 2018, doi: 10.1109/MITP.2018.021921645.

[18] Sítio Web: www.blockchain-council.

[19] Sivaganesan, D. D. (n.d.). Uma arquitetura híbrida que combina inteligência artificial e blockchain para aplicações IOT: ScienceGate. março de 2019 - Jornal IRO sobre sistemas sem fio sustentáveis. Recuperado em 3 de dezembro de 2022, de

[20] Atul Lal Shrivastava, Rajendra Kumar Dwivedi, "Conceber uma Internet das Coisas (IoT) veicular segura utilizando Blockchain: Uma revisão", 1.ª Conferência Internacional do IEEE sobre Avanços na

Computação e Tecnologias de Comunicação Futuras (ICACFCT 2021), MIET Meerut, Índia, 16-17 Dez, 2021 (2021).

[21] Neelam Chauhan, Rajendra Kumar Dwivedi, "A Secure Design of the Healthcare IoT System using Blockchain Technology", 9.ª Conferência Internacional do IEEE sobre Computação para o Desenvolvimento Global Sustentável (16.ª INDIA Com 2022), Bharati Vidyapeeth, Nova Deli, Índia, a realizar em 23-25, DOI: 10.23919/INDIACom54597.2022.9763187(março de 2022).

[22] Atul Lal Shrivastava, Rajendra Kumar Dwivedi, "A Secure Design of the Smart Vehicular IoT System using Blockchain Technology", 9.ª Conferência Internacional do IEEE sobre Computação para o Desenvolvimento Global Sustentável (16.ª INDIA Com 2022), Bharati Vidyapeeth, Nova Deli, Índia, a realizar em 23-25 DOI: 10.23919/INDIACom54597.2022.9763216(março de 2022).

[23] Trishla Kumari, Rakesh Kumar, Rajendra Kumar Dwivedi, "Conceção de uma IoT de cuidados de saúde segura e inteligente com Blockchain: A Review", parte da série de livros SIST, Springer, 6.ª Conferência Internacional Springer sobre Tecnologias da Informação e da Comunicação para Sistemas Inteligentes (ICTIS 2022), Ahmedabad, Índia, 22-23 de abril de 2022.

[24] Neelam Chauhan, Rajendra Kumar Dwivedi, "Designing A Secure Smart Healthcare System with Blockchain", parte da série de livros LNNS, Springer, 6.ª Conferência Internacional da Springer sobre Sistemas Inventivos e Controlo (ICISC 2022), JCT College of Engineering and Technology, Coimbatore, Índia, 6-7 de janeiro de 2022.

Perfil do autor:

1. DR K VENKATA NAGANJANEYULU TRABALHA ACTUALMENTE COMO PROFESSOR DO DEPARTAMENTO DE CSE NA FACULDADE DE ENGENHARIA MALLA REDDY PARA MULHERES (AUTÓNOMA). HYDERABAD, ESTADO DE TELANGANA, ÍNDIA.

2. O DR. K VENKATA NAGANJANEYULU TRABALHOU COMO PROFESSOR DO DEPARTAMENTO DE CSE NO LORDS INSTITUTE OF ENGINEERING AND TECHNOLOGY (UMA INSTITUIÇÃO AUTÓNOMA), AFILIADO À OSMANIA UNIVERSITY, HYDERABAD, ESTADO DE TELANGANA, ÍNDIA.

3. O DR K VENKATA NAGANJANEYULU TRABALHOU COMO PROFESSOR DO DEPARTAMENTO DE CIÊNCIA DE DADOS CSE NO GRUPO DE INSTITUIÇÕES STMARY'S, HYDERABAD, JNTU, ESTADO DE TELANGANA, ÍNDIA.

4. O DR. K V NAGANJANEYULU TRABALHOU COMO PROFESSOR CONVIDADO DO DEPARTAMENTO DE CSE/IT NA FACULDADE DE ENGENHARIA DE CHIRALA (CEC), CHIRALA, PRAKASAM (DIST), JNTUK, AP & AVNIET, JNTUH, HYDERABAD, ESTADO DE TELANGANA.

5. O DR K V NAGANJANEYULU TRABALHOU COMO DIRECTOR E PROFESSOR DO DEPARTAMENTO DE CSE/IT (CSIT) NO DHRUVA INSTITUTE OF ENGINEERING & TECHNOLOGY (DIET), JNTUH, HYDERABAD, TS.

6. O DR K V NAGANJANEYULU TRABALHOU COMO PROFESSOR
    DO DEPARTAMENTO DE CSE NO INSTITUTO DE CIÊNCIA E
    TECNOLOGIA SIR VISHVESHWARAIAH (SVTM),
    MADANAPALLE, CHITTOOR (DIST), JNTUA, AP E NO
    INSTITUTO DE ENGENHARIA E TECNOLOGIA BHARAT (BIET),
    JNTUH, HYDERABAD.

7. O DR. KVN TEM 25 ANOS DE EXPERIÊNCIA DE ENSINO COMO
    DOCENTE NO DEPARTAMENTO DE CIÊNCIAS
    INFORMÁTICAS/TECNOLOGIA DA INFORMAÇÃO (CSIT).
    ALÉM DISSO, TEM 2 ANOS DE EXPERIÊNCIA DE ENSINO NO
    ESTRANGEIRO (EXPOSIÇÃO NO ESTRANGEIRO) E
    LECCIONOU CURSOS DE MESTRADO.

8. O DR KVN TRABALHOU COMO PROFESSOR NOS
    DEPARTAMENTOS DE CSE&IT EM VÁRIAS FACULDADES DE
    REPUTAÇÃO DA JNTUA, JNTUK, e JNTUH & ANU. AS SUAS
    ÁREAS DE INVESTIGAÇÃO SÃO A EXTRACÇÃO DE DADOS,
    BIG DATA, COMPUTAÇÃO EM NUVEM, INTELIGÊNCIA
    ARTIFICIAL E INTERNET DAS COISAS (IOT) E COMUNICAÇÕES
    SEM FIOS.

9. TEM 35 PUBLICAÇÕES EM JORNAIS E CONFERÊNCIAS
    NACIONAIS E INTERNACIONAIS DE RENOME NAS SUAS
    ÁREAS DE INVESTIGAÇÃO. PARTICIPOU EM MUITOS
    FDP'S, WORKSHOPS/PALESTRAS CONVIDADAS E
    SEMINÁRIOS TÉCNICOS. CONDUZIU MUITOS
    FDP'S/WORKSHOPS/PALESTRAS CONVIDADAS E
    SEMINÁRIOS IMPORTANTES E INOVADORES

More
Books!

yes
I want morebooks!

Buy your books fast and straightforward online - at one of world's
fastest growing online book stores! Environmentally sound due to
Print-on-Demand technologies.

Buy your books online at
www.morebooks.shop

Compre os seus livros mais rápido e diretamente na internet, em
uma das livrarias on-line com o maior crescimento no mundo!
Produção que protege o meio ambiente através das tecnologias de
impressão sob demanda.

Compre os seus livros on-line em
www.morebooks.shop

info@omniscriptum.com
www.omniscriptum.com
OMNIScriptum

Printed by Books on Demand GmbH, Norderstedt / Germany